¡ Reduce el sobrepeso !

Recopilado y escrito por: José Enrique Centén Martín
Depósito legal: M-000403/2020
Imagen: MabelAmper-Pixabay

Prólogo

Posiblemente la obesidad es uno de los problemas más difíciles de atajar, no por ineficaces, sino por aburrimiento. Aquí no se ofrecen panaceas milagrosas, solo se describen distintas posibilidades para hacerlas menos aburridas, son vegetales que poseemos al alcance que utilizados racionalmente se puede conseguir una variedad de dietas diferentes para lograr el objetivo y sin llegar a convertirse en veganos, que limitan el consumo de proteínas de origen animal de forma drástica, por otra más suave en un par de veces a la semana, por ejemplo, junto con estos vegetales.

No hay mejor cura que la ofrecida la Naturaleza, pero el desconocimiento y, sobre todo, por comodidad, se recurre a la farmacopea en lugar de utilizar lo que tenemos al alcance, una variedad de alimentos que puede remediar nuestros males sin los daños colaterales de los medicamentos.

Siguiendo el consejo de Hipócrates de Cós (460 - 370 a.n.e.), **"Que la comida sea tu alimento y el alimento tu medicina"** consejo que no solemos prestar atención, pero seguro que alguna vez se ha tomado algo recomendado por familiares, por ello me aventuré en escribir un libro titulado 8256 Remedios Naturales para las 170 dolencias más comunes que padecemos, y de él he realizado el presente monográfico para paliar en la medida de lo posible el sobrepeso.

Son remedios variados con especias, condimentos, hierbas, frutas, hortalizas, legumbres, raíces, hierbas, algas, árboles, todos ellos conocidos y al alcance de todos, siendo beneficioso para la salud utilizados como alternativa o apoyo para diversas dolencias. Sin olvidar nunca que **no se debe sustituir la medicación por remedios naturales,** los remedios ofrecidos **son efectivos a más largo plazo,** sirven de apoyo o como prevención. **Muy importante es ver la descripción de las plantas por su posibles contraindicaciones o interacciones con medicamentos.**

En este monográfico se ofrecen **618 Posibles remedios con 375 vegetales con propiedades medicinales,** un método sano para evitar el sobrepeso, sin olvidar el ejercicio físico o andar al día 1 hora a paso ligero o dos tandas de 45 minutos cada una, al menos.

Dolencias para tratar

Dieta - Obesidad

Es recomendable el consumo de frutas antes de las comidas, sus azúcares se metabolizan mejor y son más sanos a la vez que saciantes en las dietas. Los azúcares de los frutos consumidos después de las comidas perjudican al metabolismo al fermentar.

Dieta

- **Acelga,** su consumo es excelente para una dieta baja en grasas y en hidratos, ayudando a adelgazar, ver **descripción de la planta.**

- **Aciano,** combinado con una dieta evitando refinados, sodas, bebidas azucaradas, fritos, embutidos y leche de vaca, los resultados y efectos terapéuticos se acentuarán, ver **descripción de la planta, forma de uso VII.**

- **Agar,** tiene la capacidad para incrementar su volumen por absorción de agua. Es tan elevada que el polvo de agar acaba dando como resultado alimentos o salsas bajas en calorías, ideales para regímenes de adelgazamiento, ver **descripción de la planta.**

- **Agave tequilana,** en infusión investigaciones han demostrado que los frútanos, contribuye a generar saciedad y controlar la ingesta de alimentos. También sirve el sirope como edulcorante, **existe de bajo poder glucémico, precaución,** ver **descripción de la planta.**

- **Albaricoque,** el consumo de este fruto por su contenido en potasio serviría para adelgazar, ver **descripción de la planta.**

- **Alcachofa,** muy adecuada en dietas, ayuda a perder volumen por su contenido calórico escaso, ver **descripción de la planta,** forma de consumo **VIII.**

- **Alfalfa,** por la gran cantidad de celulosa que posee, estimula y acelera la evacuación intestinal siendo una ayuda a la dieta, ver **descripción de la planta.**

- **Aliaria,** en primavera se recomienda a personas obesas dos cucharadas de jugo después de comer, ver **descripción de la planta,** forma de uso **IV.**

- **Alpiste,** rico en Lipasa, enzima encargada de eliminar la grasa corporal, y como diurético ayuda a eliminar líquidos, beneficioso para una dieta, ver **descripción de la planta,** forma de uso **VII.**

- **Ananá o Piña tropical,** como alimento, desintoxicante y depurador, es beneficioso para una dieta, ver **descripción de la planta,** forma de uso **IX.**

- **Anís estrellado o Badiana,** la infusión es diurética, evita retención de líquidos y bueno para dietas. Tomar una taza después de las comidas, no superando las 3 tazas diarias, y sólo durante una semana, ver **descripción de la planta,** forma de uso **VII.**

- **Apio,** planta muy baja en calorías, solo tiene 16 calorías por cada 100 gr., y gran cantidad de fibra no soluble, muy buena en una dieta, ver **descripción de la planta,** forma de consumo **VIII.**

- **Avena,** excelente al ser saciante y diurético, reduce la acumulación de líquido y aumenta el tránsito intestinal, ver **descripción de la planta,** forma de uso **VII.**

- **Babaco,** contiene niveles mínimos de calorías, sodio, azúcar y al no poseer colesterol es ideal en personas con sobrepeso, ver **descripción de la planta.**

- **Bardana,** la infusión 2 o 3 veces al día es beneficiosa para una dieta al combatir la retención de líquidos, ver **descripción de la planta.**

- **Berenjena,** su consumo es recomendable para personas que siguen una dieta de adelgazamiento, ver **descripción de la planta.**

- **Berro,** ideal en una dieta, **no engorda,** al ser de muy bajas en calorías se puede consumir diariamente y en abundantes cantidades, ver **descripción de la planta.**

- **Bolsa de pastor,** la infusión es recomendada en casos de sobrepeso, **precaución,** ver **descripción de planta,** forma de uso **VII.**

- **Brócoli,** maravillosa y completa verdura, para todo, ver **descripción de la planta.**

- **Cacahuete,** ayuda a no engordar picar entre horas, aliado para quitar kilos sobrantes, son menos susceptibles para estar saciados y, bueno en los niveles de ansiedad por consumir algo graso y rico, ideal si se sigue una dieta, ver **descripción de la planta.**

- **Cacao,** de **capacidad reductora,** ideal para personas que deseen cuidar su línea. Eso sí, esta propiedad estaría tan **sólo el extracto del cacao puro.** Estudios estiman que aproximadamente **4 cápsulas de cacao** vendrían a aportar la misma cantidad de polifenoles que 2 tabletas de 250 gr. de chocolate negro. **Siendo ideal** como la quema de grasa, ver **descripción de la planta.**

- **Café verde,** uno de sus beneficios más importantes y populares es su virtud para ayudar en la pérdida de peso por su contenido en ácido clorogénico, capaz de reducir la sensación de hambre de saciar el apetito, recomendable tomar ½ h. antes de las comidas, ver **descripción de la planta.**

- **Calabacín,** su consumo regular combate la obesidad, ver **descripción de la planta.**

- **Cálamo aromático,** el sobrepeso se puede combatir con su efecto diurético en infusión, ver **descripción de la planta,** forma de uso **VII.**

- **Canela con miel,** sirve para bajar peso, al ser reguladora de los niveles de glucosa en sangre y grasas en nuestro organismo. Tomar mezclado con agua caliente entre comidas, ver **descripción de la planta y de la Miel.**

- **Canónigo,** recomendados para quienes están siguiendo una dieta para perder peso, es de bajo aporte en calorías y diurético, ver **descripción de la planta.**

- **Caña común,** se utiliza como diurético para aumentar la orina y favoreciendo las dietas, ver **descripción de planta,** forma de uso **VII.**

- **Caña de Azúcar,** el jugo es una de las pocas cosas que se digieren bien e ideal para añadir su jugo en una dieta, ver **descripción de la planta,** forma de uso **IX.**

- **Capuchina,** de ayuda en una dieta, lavar varios puñados de hojas frescas, machacar y exprimir bien el zumo. Beber por la mañana en ayunas unos 100 gr. cada vez. Seguir el tratamiento unas dos semanas, ver **descripción de la planta.**

- **Cardamomo,** su consumo es un buen acelerador del metabolismo, ayuda a quemar calorías y mantener mejor el peso, ver **descripción de la planta.**

- **Cardillo,** la raíz en infusión después de la comida es diurética y beneficiosa para una dieta, ver **descripción de la planta.**

- **Cardo,** en ensalada o cocinada en guisos, por su alto contenido en agua es diurético, ideal para las dietas, ver **descripción de la planta.**

- **Cardo yesquero,** gracias a su contenido en flavonoides, esta planta es utilizada por sus propiedades diuréticas, hervir durante 5 minutos 30 o 40 gr. de la flor en un litro de agua, beber dos o tres veces diarias, ver **descripción de la planta.**

- **Carqueja,** debido a sus altas propiedades depurativas en personas con sobrepeso es altamente efectiva, deshace de material de desecho y la grasa excesiva acumulada, ver **descripción de la planta,** forma de uso **VII.**

- **Castaña,** indicadas para una dieta de adelgazamientos debido a que son ricas en hidratos de carbono de absorción lenta, proporcionan energía durante el resto del día sin tener que consumir hidratos simples como arroz, pan o pasta. La poca cantidad de calorías como aperitivo para saciar y controlar el apetito, es un alimento rico en grasas, pero no cualquier grasa, ... **Continúa...**

...

su aceite vegetal es muy bueno para la salud, alimenta y buen saciante, ver **descripción de la planta.**

- **Cebada,** sirve para controlar el peso, al mejorar el metabolismo a nivel general agilizando los lípidos, ver **descripción de la planta,** forma de uso **VII.**

- **Cebolla,** posee un número increíble de propiedades y contiene sólo 45 calorías por porción. No contiene colesterol y es baja en sodio, lo cual la hace un alimento muy ligero siendo ideal para una dieta, ver **descripción de la planta.**

- **Centeno,** su aporte de fibra favorece la sensación de saciedad, como agua de día es saciante, ideal para combinar en dietas de adelgazamiento, ver **descripción planta,** formas de uso **VII y VIII.**

- **Cerezo,** en infusión las hojas o rabillos (pedículos) de la fruta es eficaz en una dieta por su poder diurético. **No existe límite** en tomar toda la que se desee, ver **descripción de la planta.**

- **Cerezas,** buena merienda o un postre importante para el mantenimiento de peso debido al poco aporte de calorías, ver **descripción de la planta.**

- **Chia,** consumida con moderación es buena para una dieta, ver **descripción de la planta.**

- **Chirimoya,** de efecto saciante, beneficiosa para una dieta y reguladora del nivel de glucosa en sangre, hace posible no pasar hambre haciendo un desayuno, una merienda e incluso una cena comiendo sólo una chirimoya, tardando más tiempo en sentir hambre, ver **descripción de la planta.**

- **Cilantro,** su consumo regular ayuda a bajar de peso, ver **descripción de la planta.**

- **Ciruelo / Pruno,** las ciruelas son de gran poder laxante y recomendables para combatir la obesidad, ver **descripción de la planta,** forma de consumo **VIII.**

- **Clementina,** como diurética es perfecta para introducir en nuestra dieta, acompañando a un régimen de adelgazamiento, ver **descripción de la planta.**

- **Cola de caballo,** la infusión favorece la pérdida de peso y ayuda en cualquier dieta, **precaución,** ver **descripción de la planta,** forma de uso **VII.**

- **Coliflor,** gran fuente de vitamina C, fibra, ácido fólico, magnesio, potasio, calcio, y baja en calorías, ideal para una dieta, ver **descripción de la planta.**

- **Copalchi,** la infusión de su corteza sirve de ayuda a una dieta por su poder diurético. En dosis razonables es poco tóxico, **seguir indicaciones de personal médico,** ver **descripción de la planta.**

- **Diente de león,** en infusión ayuda a eliminar líquidos, siendo ideal en dietas, ver **descripción de la planta,** forma de uso **VII.**

- **Escarola,** por su contenido en fibra y, como saciante es un alimento indicado como entrante o guarnición en dietas de control de peso. **De pocas calorías,** en su composición predomina el agua, resultando apropiada para dietas de adelgazamiento, ver **descripción de la planta.**

- **Espárrago,** el consumo habitual ejerce una acción importante en las dietas de adelgazamiento por su bajo aporte calórico, ver **descripción de la planta.**

- **Esparraguera,** la infusión como aperitivo **sin edulcorar,** es buena para ayudar a adelgazar, ver **descripción de planta,** forma de uso **VII.**

- **Espinaca,** ideal para incluir en un plan de comidas, reduce el peso por su bajo contenido calórico y su gran aporte nutricional, ver **descripción de la planta.**

- **Fucus,** uno de los dietéticos y alimenticios más conocidos para dietas de adelgazar, al ser una fibra soluble forma una especie de gel en el sistema digestivo que unido a su contenido en mucílagos ayudan en la función saciante, **con indicaciones médicas para su consumo,** ver **descripción de la planta.**

- **Garbanzos,** contra toda creencia, son buenos para una dieta **controlando su consumo,** ver **descripción de la planta.**

- **Ginkgo biloba,** se utiliza, sobre todo, en personas obesas sedentarias o con trastornos de la circulación sanguínea con dolor y pesadez de piernas provocado por una deficiencia en el flujo circulatorio de las extremidades inferiores conocidos como **claudicación intermitente,** sobre todo en la madurez y la vejez. **Precaución,** puede resultar muy limitante y generar mucha desazón y malestar a quien lo padece cuando se toma en **tratamientos prolongados y sistemáticos,** ver **descripción de la planta.**

- **Goji,** las bayas ayudan en la pérdida de peso. Beber su jugo se ha utilizado como forma de ayuda a perder peso al reducir el apetito, ver **descripción de la planta.**

- **Grosella espinosa o Amla,** ver **en Jengibre y descripciones de las plantas.**

- **Guar,** ayuda en el control del apetito al reducir la sensación de hambre, como sensación de saciedad al aumentar de volumen al mezclarse en agua, **precaución,** ver **descripción de la planta.**

- **Guaraná,** su consumo regula los intestinos ayuda en dietas de adelgazamiento, disminuye el apetito y activa el metabolismo en cuerpos grasos, ver **descripción de la planta.**

- **Guisante,** su consumo habitual proporciona un efecto saciante que le hace interesante en regímenes de adelgazamiento, ver **descripción de la planta.**

- **Hierbaluisa o Cedrón,** utilizando las infusiones ayudan a bajar de peso, ver **descripción de la planta.**

- **Higo chumbo o Tuna,** ideal para una dieta en personas que desean bajar de peso, tiene pocas calorías, contiene un 88 % de agua, es un nutriente sin calorías que genera una sensación agradable al comer debido a que es rica por su dulzor siendo saciante, ver **descripción de la planta.**

- **Judías o Alubias,** las vainas, las semillas secas o legumbres, son un alimento muy beneficioso para la salud, se utiliza en dietas muy variadas, ver **descripción de la planta.**

- **Kale,** bajo en calorías y rico en fibra. Una taza de este vegetal cuenta con 39 calorías, 5 gr. de fibra y 0 de grasas, es bueno su consumo para cualquier dieta, ver **descripción de la planta.**

- **Kiwi,** ejerce un efecto saciante que beneficia a personas que llevan a cabo una dieta para perder peso, ver **descripción de la planta.**

- **Kudzu,** es útil su uso en dietas desintoxicantes, ver **descripción de la planta.**

- **Lentejas,** pueden mantener los niveles de azúcar estables durante mucho tiempo, por lo tanto, también el sentido de saciedad, ver **descripción de la planta.**

- **Limón,** se utiliza para bajar peso, ver **descripción de la planta.**

- **Lino,** un aliado para adelgazar, rico en fibra y saciante, ver **descripción de la planta.**

- **Lombarda,** es muy baja en calorías, pero alta en fibra dietética, vitaminas y minerales importantes, ver **descripción de la planta.**

- **Magnolia,** sus suplementos suprime el apetito, pudiendo ayudar a perder peso y evitar picar entre comidas. **Consultar con un profesional** dietético para obtener el mejor asesoramiento sobre qué partes de Magnolia servirían mejor a sus necesidades, ver **descripción de la planta.**

- **Maíz,** su contenido en fibra soluble y almidón prolonga la sensación de saciedad ayudando a las dietas de adelgazamiento, ver **descripción de la planta.**

- **Mango,** el aumento en el consumo de alimentos de origen vegetal como el mango es capaz de reducir la obesidad, ver **descripción de la planta.**

- Mango africano, su extracto ayuda a perder peso por pérdida de líquidos o masa muscular, es saciante y de fácil control, ver **descripción de la planta.**

- Manzana, utilizando este método es eficaz contra la obesidad, el jugo de Manzana con ½ vaso de Tomate, ½ vaso Limón, ½ vaso de Melón, bebido tres veces al día, ver **descripciones de las plantas.**

- Maqui, contribuye al control de peso, se recomienda el consumo diario de este tipo de bayas e, incluso de polvo de maqui para aquellos que intentan perder el peso de más, ver **descripción planta.**

- Melón, acompaña a una dieta al estar compuesto en un 90% por agua, y con muy pocas calorías, ver **descripción de la planta.**

- Melón cantalupo o francés, el 80% de la composición de esta fruta es agua, por lo tanto, de escasas calorías, ideal para una dieta, ver **descripción de la planta.**

- Miel, al consumir diluida una cucharada en agua da una sensación de saciedad y actúa contra la ansiedad de comer, ayudando a perder peso, ver **descripción de la Miel.**

- Nabo, por su bajo aporte calórico e hidratos de carbono es una hortaliza interesante en dietas sanas y equilibradas, como en dietas de adelgazamiento, sobre todo por su alto contenido en agua y fibra, ver **descripción de la planta.**

- Naranjo dulce, cuida el peso, depura y a la vez nutre sin engordar; tomar como típico tentempié a media mañana o media tarde, ver **descripción de la planta.**

- Nectarina, al aportar pocas calorías, esta fruta es ideal para una dieta de adelgazamiento o mantenimiento de peso, ver **descripción de la planta.**

- Nenúfar, el extracto en la medicina oriental, se utiliza como el medio o tratamiento de la obesidad, ver **descripción de la planta.**

- Níspero, por su alto contenido en agua y fibra es un importante aliado en las dietas de adelgazamiento, de poco valor calórico, alto contenido en potasio y muy bajo en sodio, ver **descripción de planta.**

- **Noni,** en zumo se emplea acompañando dietas para la pérdida de peso, ver **descripción de la planta.**

- **Nuez de Cola,** disminuye el apetito, ideal para incorporar en dietas de adelgazamiento, ver **descripción de la planta.**

- **Ñora,** su consumo es beneficioso en casos de obesidad, ver **descripción de la planta.**

- **Onagra,** su aceite no engorda, utilizar para tratar la obesidad y ayudar en la dieta como diurético, ver **descripción de la planta.**

- **Orégano,** el orégano en ensaladas, sopas, pescados, como alimento, es muy rico en fibra, ayudando a controlar la obesidad, ver **descripción de la planta.**

- **Papaya,** es baja en calorías, rica en potasio y bajo contenido en sodio, todo ello evita la retención de líquidos, siendo adecuada para adelgazar, ver **descripción de la planta.**

- **Paraguaya,** es rica en agua, en antioxidantes y fibras dietéticas, aportando alrededor de 50 calorías por cada 100 gr., ver **descripción de la planta.**

- **Parietaria,** se usa contra el sobrepeso acompañado de retención de líquidos, ver **descripción de la planta,** forma de uso **VII.**

- **Patata,** incrementa la saciedad y reduce el apetito, hace sentirse lleno por más tiempo, reduciendo el consumo de calorías diario, ver **descripción de la planta.**

- **Pepino,** con una fuerte actividad biológica promueve el metabolismo del cuerpo y el adelgazamiento de la grasa almacenada, su ácido Tartrónico inhibe la transformación de carbohidratos en grasa, ver **descripción de la planta.**

- **Pimienta blanca,** los alimentos con fibra y este condimento, ayudan a controlar la obesidad, ver **descripción de la planta.**

- **Pimiento amarillo,** posee pocas calorías por lo que ayuda a bajar de peso, ver **descripción de la planta.**

- **Pimiento rojo,** es un diurético natural, incluir este alimento en una dieta es aconsejable, ver **descripción de la planta.**

- **Pimiento verde,** por su alto contenido en agua, bajo aporte calórico y graso, se considera un alimento muy apto para dietas hipocalóricas e hiposódicas, siempre y **cuando se utilice asados.** Por su alto contenido en fibra hace que el consumo de esta hortaliza de sensación de saciedad, siendo muy útil en dietas de control de peso, ver **descripción de la planta.**

- **Puerro,** el 90% es agua y escaso contenido calórico, resulta beneficioso para casos de obesidad, ver **descripción de la planta.**

- **Quinúa,** su contenido en fibras eleva la sensación de saciedad, recomendable para cualquier dieta, ver **descripción de la planta.**

- **Rábano,** con muy bajo poder calórico, menos de 20 calorías en una taza entera, con un gran aporte para añadir nutrientes, fibras y da sabor en las comidas sin comprometer tu salud. **Otra forma de utilizar para reducir el abdomen es:** con un tomate de árbol maduro con la piel, y tres rábanos rojos con la piel. Licuar con un vaso de agua, colar y tomar una hora antes del desayuno durante 10 días, sin edulcorar. **No apto** para personas con **tensión baja,** ver **descripciones de las plantas.**

- **Remolacha,** cocida contiene pocas calorías, se puede emplear cada día para una dieta, ver **descripción de la planta.**

- **Romanesco,** recomendable para quienes están siguiendo una dieta para adelgazar, ver **descripción de la planta.**

- **Rúcula,** es bastante saciante, dando la impresión de estar llenos, pero con una ingesta de calorías muy baja, a tener en cuenta si se quiere perder unos kilos, ver **descripción de la planta.**

- **Sandía,** a pesar de que su carne es muy dulce, es especialmente baja en calorías y está indicada en dietas de adelgazamiento por su efecto saciante y no engorda, ver **descripción de la planta.**

- **Sangre de Drago,** en el tratamiento dietético para bajar de peso, ver **descripción de la planta,** formas de uso **VI.**

- **Sauce blanco,** como ayuda para perder peso ha sido bien estudiado. La salicina cuando se la combina con otros componentes como la efedrina y la cafeína. Un estudio notable descubrió que, al utilizar una mezcla de esos tres componentes las personas perdían un promedio de 16% de grasa corporal en 8 semanas, ver **descripción de la planta.**

- **Semillas de zaragatona,** aliada muy valiosa para las dietas de adelgazamiento, disminuye y controla el apetito por el aumento de volumen que sufre el estómago, **cuidado,** ver **descripción de la planta Zaragatona.**

- **Soja,** por su riqueza en proteínas se aconseja su consumo regular en dietas vegetarianas, ver **descripción de la planta.**

- **Stevia,** es una buena alternativa para incluir en las dietas de adelgazamiento, como edulcorante, **apenas posee calorías, ni carbohidratos,** ver **descripción de la planta.**

- **Tamarindo malabar,** para personas que desean perder peso, por disminuir el apetito. **Existe la posibilidad de rebote** cuando se deje de consumir, ver **descripción de la planta.**

- **Tomate de árbol,** ver **en Rábano y descripciones de las plantas.**

- **Trigo,** es una buena fuente de fibra, mejora la saciedad tomado con moderación, ayudando a mantener el peso, ver **descripción de la planta.**

- **Trigo sarraceno,** su tipo de fibra particular, está recomendada para saciar en caso de obesidad, ver **descripción de la planta,** forma de consumo **VIII.**

- **Tupinambur,** da sensación de saciedad, recomendada en dietas para adelgazar contiene sólo unas 25 kcal por cada 100 gr., ver **descripción de la planta.**

- **Ulmaria,** habitual en preparados destinados a combatir la obesidad. **No es adelgazante,** indicada si el sobrepeso está acompañado de problemas de retención de líquidos, **precaución,** ver **descripción de la planta.**

- **Zarzaparrilla,** contra la obesidad, ver **descripción de la planta,** forma de uso **VII (1 y 2).**

- **También se pueden** realizar infusiones ingeridas favorecen a las dietas de adelgazamiento, contra la obesidad, algunas son saciantes como complemento y no deben suplir una dieta por utilizar las plantas siguientes: **Angélica, Caigua, Canela, Comino, Díctamo, Espirulina, Fresno, Guayusa, Guggul, Hibisco, Hidrocotyle o Hierba centella, Hierbabuena, Jazmín, Jengibre, Lespedeza, Levístico, Manzanilla común, Marrubio, Mate, Nogal americano, Ortiga, Ortosifón, Pensamiento, Pie de león, Rusco, Té blanco, Té de roca, Te Rooibos, Vainilla, Vellosilla.** Se pueden **potenciar** unas con otras, pero siempre **es importante ver la descripción** de cada planta **por si existiese alguna interacción o contraindicaciones con fármacos.**

Grasas

- **Aceite de oliva,** contiene una gran cantidad de grasas monoinsaturadas, nada dañinas para el cuerpo. Al incluir aceite de oliva en una dieta se puede perder el exceso de grasa corporal, incluso disminuyendo la actividad y ejercicio físico, ver **descripción de la planta.**

- **Alcachofa,** favorece la digestión de las grasas y la eliminación de toxinas de nuestro cuerpo, ver **descripción de la planta,** forma de consumo **VIII.**

- **Alpiste,** ayuda a eliminar las grasas, siendo útil en caso de sobrepeso y obesidad, ver **descripción de la planta,** forma de uso **VII.**

- **Berenjena,** el consumir favorece la eliminación de grasas, ver **descripción de la planta.**

- **Cacao,** estudios han estimado que aproximadamente 4 cápsulas de cacao vendrían a aportar la misma cantidad de polifenoles que ...

...

dos tabletas de 250 gr. de chocolate negro. Siendo ideal como quema grasa, ver **descripción de la planta.**

- **Café verde,** transforma las grasas en energía y aumenta la actividad lipolítica encargada de la regulación de las grasas, ver **descripción de la planta.**

- **Cardo,** se utiliza tanto en ensalada como en guisos por sus propiedades coleréticas, es excelente contra el consumo excesivo de proteínas de origen animal y grasas, ver **descripción de la planta.**

- **Carqueja,** de altas propiedades depurativas, ideal en personas con sobrepeso siendo altamente efectiva para que el cuerpo se deshaga de material de desecho y grasa excesiva acumulada, ver **descripción de la planta,** forma de uso **VII.**

- **Cayena,** como todo picante acelera el metabolismo estimulando la quema de grasas, ver **descripción de la planta.**

- **Clementina,** fruto con gran contenido en fibra que ayuda a la quema de grasas, ver **descripción de la planta.**

- **Escarola,** el su consumo regular combate dietas ricas en grasas, ver **descripción de la planta.**

- **Fucus,** por la presencia en yodo mejora el metabolismo de las grasas, **seguir indicaciones médicas** para su consumo, ver **descripción de la planta.**

- **Goji,** las bayas contienen **ácidos grasos esenciales** como el ácido Linoleico que acelera el proceso de quema de grasa, ver **descripción de la planta.**

- **Granado,** previene la acumulación de grasa en el abdomen, ver **descripción de la planta,** forma de consumo **VIII.**

- **Higuera,** la infusión es conocida por su alto poder astringente, efectivo remedio natural para la regulación de las hormonas y lípidos (grasas), ver **descripción de la planta,** forma de uso **VII.**

- Limón, un vaso de zumo en ayunas una hora antes de cualquier alimento baja notablemente la grasa sobrante, si resulta muy ácido se puede edulcorar recomiendo, ver **descripción de la planta.**

- Mango africano, el extracto ayuda a quemar las reservas de grasa, en lugar de ayudar a perder peso por pérdida de líquidos o masa muscular como otros alimentos distintos, este es más fácil y mejor controlado, evitando la aparición de nuevas células de tejido graso, ver **descripción de planta.**

- Maqui, se utiliza para estabilizar, sin picos ni caídas, del almacenamiento de grasas, ver **descripción de la planta.**

- Naranjilla o Lulo, fruta conocida como diurético que ayuda a inducir la micción, por lo tanto, ayuda a limpiar el cuerpo de toxinas depurando el exceso de sales, grasas y agua del cuerpo, ver **descripción de la planta.**

- Ñame silvestre, sirve para eliminar la acumulación de grasas, ver **descripción de la planta.**

- Pepino, su ácido Tartrónico puede inhibir la transformación de carbohidratos en grasa, ver **descripción de la planta.**

- Pimiento amarillo, al poseer pocas calorías su consumo favorece la perdida de grasas, ver **descripción de la planta.**

- Sauce blanco, la salicina combinada con otros componentes, como efedrina y cafeína, se descubrió que utilizando estos tres componentes se puede perder un promedio de 16% de grasa corporal en 8 semanas, ver **descripción de la planta.**

- Semillas de zaragatona, buen poder regulador en la absorción de grasas, **cuidado,** ver **descripción de la planta Zaragatona.**

- Serbal, sirve como remedio para el cambio de las grasas en el organismo, ver **descripción de la planta,** forma de uso **VII (1).**

- También se pueden realizar infusiones ingeridas para que sus agentes actúen en el organismo cuando se trata de reducir los ...

...

niveles de grasa, **Caigua, Guar, Guaraná, Guggul, Hibisco, Incienso, Jazmín, Lespedeza, Pimienta negra, Té blanco.** Se pueden **potenciar** unas con otras, pero siempre **es importante ver la descripción** de cada planta **por si existiese alguna interacción o contraindicaciones con fármacos.**

Diuréticos

- **Abedul,** potentísimo diurético, **tener cuidado,** ver **descripción de la planta,** forma de uso **VII.**

- **Acedera,** dos tazas de infusión diarias son eficaces contra la retención de líquidos, ver **descripción de la planta.**

- **Acelga,** sus propiedades diuréticas ayudan a eliminar los líquidos retenidos en el organismo, ver **descripción de la planta.**

- **Acerola,** su ingesta tiene propiedades diuréticas, ver **descripción de la planta.**

- **Aciano,** diurético moderado para ayudar a eliminar líquidos innecesarios o acumulados en el cuerpo, ver **descripción de la planta,** forma de uso **VII.**

- **Agracejo,** en infusión es diurético contra la retención de orina, ver **descripción de la planta,** forma de uso **IX.**

- **Agripalma,** la infusión es un buen remedio diurético, contra la retención de líquidos, ver **descripción de la planta,** forma de uso **VII.**

- **Ajenuz,** la infusión ayuda en problemas de retención de líquidos como diurético, ver **descripción de la planta,** forma de uso **VII.**

- **Álamo Negro,** la infusión de la corteza es de gran utilidad en algunos padecimientos del riñón, como diurético, ver **descripción de la planta,** forma de uso **VII.**

- **Alcachofa,** tiene propiedades depurativas y efecto diurético que promueven la pérdida de peso. Perfecta para evitar la retención de líquidos, ver **descripción de la planta,** forma de consumo **VIII.**

- **Alcachofera,** se usa la infusión como buen diurético, ver **descripción planta,** forma de uso **VII.**

- **Alfilerillo,** utilizar como diurético preparando 30 gr. de flores en un litro de agua. Hervir 10 minutos. Colar y edulcorar al gusto, beber a vasitos durante el día, ver **descripción de la planta.**

- **Alpiste,** especialmente rico en Lipasa, enzima encargada de eliminar la grasa corporal, buen diurético siendo muy útil contra la retención de líquidos, ver **descripción de la planta,** forma de uso **VII.**

- **Alquequenje,** se utiliza la decocción de 15 o 30 gr. de frutos maduros en ½ litro de agua, ver **descripción de la planta.**

- **Amor de hortelano,** se utiliza en infusión como diurético, ver **descripción de la planta,** forma de uso **VII.**

- **Ambay,** la infusión es un buen diurético al favorecer la eliminación de líquidos, ver **descripción de la planta,** forma de uso **VII.**

- **Anacahuita,** la infusión es utilizada como diurética, ver **descripción de planta,** forma de uso **VII.**

- **Ananá o Piña tropical,** excelente fruta para alimentarse cuando se tiene estreñimiento, es desintoxicante y depurador que estimula el sistema inmunológico, ver **descripción de planta,** forma de uso **IX.**

- **Anís estrellado o Badiana,** en infusión evita la retención de líquidos, siendo bueno para dietas. **No superar** las 3 tazas diarias (tras las comidas), y sólo durante una semana, ver **descripción de la planta,** forma de uso **VII.**

- **Antennaria o Pie de gato,** la infusión es un eficaz ayuda a eliminar líquidos debido a la oliguria, ver **descripción de la planta,** forma de uso **VII.**

- **Árbol de Tilo,** en infusión es un reconocido diurético, ver **descripción de la planta,** forma de uso **VII.**

- **Arenaria roja,** como diurético tomar varias infusiones al día, ver **descripción de la planta,** forma de uso **VII.**

- **Armuelle,** su consumo se puede comer como remedio diurético, su preparación es muy similar a la Espinaca. También se pueden ...

...

preparar infusiones con algunas hojas secas en una taza de agua hirviendo durante algunos minutos, ver **descripción de la planta.**

- **Aspérula,** en infusión es remedio contra la hidropesía, ver **descripción planta,** forma de uso **VII.**

- **Avellano,** se utiliza en infusiones como diurético, ver **descripción de la planta,** forma de uso **VII.**

- **Avena,** se utiliza entre otros remedios para reducir la acumulación de líquido en el cuerpo, ver **descripción de planta,** forma de uso **VII.**

- **Azufaifo o Jinjolero,** como diurético hervir durante 15 minutos en 1 litro de agua, 60 gr. de frutos (sin semilla). Colar y beber a tazas durante el día, ver **descripción de la planta.**

- **Bardana o Lampazo,** tomar en infusión 2 o 3 veces al día, ver **descripción de la planta.**

- **Becabunga,** comer cruda y fresca en ensaladas como en aperitivos, ver **descripción de la planta.**

- **Benjuí,** como diurético se puede usar de modo interno el aceite esencial, ayuda a eliminar toxinas y combatir la retención de líquidos, ver **descripción de la planta.**

- **Berenjena,** es recomendable como diurético, ver **descripción de la planta.**

- **Berro,** para el tratamiento de enfermedades metabólicas, mejora la eliminación de líquidos y la depuración de la sangre, ver **descripción de la planta.**

- **Biznaga malagueña,** se utiliza como diurético, ver **descripción de la planta,** forma de uso **VII.**

- **Borraja,** elimina líquidos y evita su retención, ver **descripción de la planta,** forma de uso **VII.**

- **Buchú,** se utiliza como diurético, **precaución,** ver **descripción de la planta,** forma de uso **VII.**

- **Buglosa,** tomar en infusión como diurético, **precaución,** ver **descripción de la planta,** forma de uso **VII.**

- **Calabacera o Calabaza,** un sencillo puré de pulpa de calabaza es diurético y laxante, ver **descripción de la planta.**

- **Calaguala,** es un excelente depurativo siendo beneficioso en infusiones o como agua de día, ver **descripción de la planta,** forma de uso **VII.**

- **Cálamo aromático,** excelente diurético contra la retención de líquidos, en infusión o licuación, ver **descripción de la planta,** forma de uso **VII.**

- **Caña común,** se utiliza de ayuda a cualquier dieta, ver **descripción de la planta,** forma de uso **VII.**

- **Caña de Azúcar,** tomar la decocción diariamente como diurético ayuda a la vejiga, ver **descripción de la planta,** forma de uso **IX.**

- **Caña fístula o Carao,** como diurético los frutos sirven para combatir la bacteria **"Escherichia coli",** causa de la afección en las vías urinarias, ver **descripción de la planta.**

- **Capuchina,** lavar varios puñados de hojas frescas, machacar, exprimir bien el zumo. Beber por la mañana, **en ayunas,** unos 100 gr. cada vez. Seguir el tratamiento unas dos semanas, ver **descripción de la planta.**

- **Caraguatá,** en infusión al 5% se utiliza como diurético, ver **descripción de la planta.**

- **Cardencha,** utilizar en infusión como diurético, ver **descripción de la planta,** forma de uso **VII.**

- **Cardillo,** se utiliza la raíz en infusión después de las comidas, ver **descripción de la planta.**

- **Cardo,** normalmente en ensalada o cocinada en guisos, por su alto contenido en agua es diurético e ideal para las dietas, ver **descripción de la planta.**

- **Cardo corredor,** la infusión ayuda a combatir la retención de líquidos, ver **descripción de la planta,** forma de uso **VII.**

- **Carlina,** ayuda a la expulsión de líquidos del cuerpo. La infusión se realiza con 5 gr. secos de la raíz y 200 ml de agua. Se deja hervir y después reposar durante 20 minutos. Se sugieren hasta 3 tazas al día, ver **descripción de la planta.**

- **Carqueja,** en infusión tiene extraordinarias capacidades para mantener el cuerpo limpio y sano, ver **descripción de la planta,** forma de uso **VII.**

- **Cebada,** en decocción para beber evita la retención de agua (edemas) así como las deshidrataciones, ver **descripción de la planta,** forma de uso **VII.**

- **Cedro,** como diurético, utilizar 25 gr. de hojas por litro de agua. Hervir lentamente. Reposar, colar y edulcorar. Tomar una taza después de cada comida, ver **descripción de la planta.**

- **Centinodia,** se toma normalmente en infusión, ver **descripción de la planta,** forma de uso **VII.**

- **Cerezo,** la infusión las hojas o pedículos de la fruta, es bastante eficaz contra la retención de líquidos por su poder diurético, **no existe límites** de tomas, ver **descripción de la planta.**

- **Chayote o Cidra,** el jarabe realizado a partir de la cáscara de este fruto tiene un efecto diurético gracias a los aceites esenciales que se encuentran en dicha cáscara, ver **descripción de la planta.**

- **Chirimoya,** por ser fuente de potasio es beneficioso para los que tomen diuréticos que eliminen potasio, ver **descripción de la planta.**

- **Chirivía,** consumir para combatir la retención de líquido, ver **descripción de la planta.**

- **Ciruelo / Pruno,** las flores de ciruelo en infusión y las ciruelas son recomendables en la incontinencia urinaria y como laxante, ver **descripción de la planta.**

- **Cola de caballo,** tomar la infusión contra la retención de líquidos y para combatir la incontinencia urinaria, **precaución,** ver **descripción de la planta,** forma de uso **VII.**

- **Coliflo**r, el consumo en cualquier e sus modalidad es beneficiosa contra la retención de líquidos, ver **descripción de la planta.**

- **Diente de león,** se recomienda la infusión en un tratamiento entre 1 y 3 meses como diurético, ver **descripción de la planta,** forma de uso **VII.**

- **Doradilla (americana),** la infusión de toda la planta es recomendada como diurética. Dejar macerar una noche y al otro día, **preferentemente en ayunas,** se toma como agua de uso, ver **descipción de la planta.**

- **Dragontea,** provoca la micción. **No consumir por vía interna sin prescripción médica,** ver **descripción de la planta.**

- **Enebro común,** bueno como diurético, **bajo control médico,** ayuda a eliminar el exceso de líquidos del cuerpo, **mucha precaución,** ver **descripción de la planta.**

- **Erígero de Canadá,** utilizado como diurético para eliminar el exceso y retención de líquidos, ver **descripción de la planta,** forma de uso **VII.**

- **Erísimo o Jaramago,** la infusión actúa en caso de retención de líquidos, edemas, inflamaciones urinarias, combinado con plantas de efectos afines como la Cola de caballo, la Vara de oro o la Gatuña, ver **descripciones de las plantas.**

- **Escaramujo,** utilizar en infusión, ver **descripción de la planta,** forma de uso **VII.**

- **Escarola,** de efecto diurético por su elevado contenido en agua, potasio y muy bajo contenido sódico, ver **descripción de la planta.**

- **Espárrago,** su consumo habitual ejerce una acción depurativa en el organismo, como diurético, ver **descripción de la planta.**

- **Esparraguera,** como aperitivo **sin edulcorar** es bueno para combatir la retención de líquidos, ver **descripción de la planta,** forma de uso **VII.**

- **Espinaca,** su alto contenido en potasio y poca cantidad de sodio, favorece la eliminación de líquidos de nuestro en personas que padecen de hipertensión, ver **descripción de la planta.**

- **Espino cerval,** la ingestión o en infusión como diurético, ver **descripción de la planta.**

- **Estafisagria,** se suele usar para orinas escasas y sucias, **precaución,** ver **descripción de planta.**

- **Fabiana,** la infusión es muy efectiva si hay retención de líquidos o afecciones que requieren la eliminación de orina en forma frecuente e incluso para problemas de incontinencia de orina o micción dolorosa, ver **descripción de la planta.**

- **Garbanzos,** de elevado contenido en potasio y escaso en sodio presentan un marcado efecto diurético, ver **descripción de la planta.**

- **Gatuña,** se usa en infusión como diurético, ver **descripción de la planta,** forma de uso **VII.**

- **Gayuba,** se utiliza en infusión como diurético, ver **descripción planta,** forma de uso **VII (1).**

- **Gladiolos,** poderoso diurético, hacer la infusión con 15 gr. de rizoma en una taza con agua hirviendo, filtrar y beber en dos dosis, ver **descripción de la planta.**

- **Gordolobo,** se utiliza para eliminar los excesos de líquidos, favoreciendo la producción de orina, ver **descripción de la planta,** forma de uso **VII.**

- **Graviola o Guanábana,** la pulpa se puede consumir con zumo total o diluida en agua, para aprovechar sus beneficios como diurético, ver **descripción de la planta.**

- **Grosellero negro,** las bayas y las hojas son eficaces para la eliminación de toxinas en el organismo, **precaución,** ver **descripción de la planta.**

- **Guacima o Mutamba,** la infusión del cocimiento de la corteza, hojas o frutos se utiliza para padecimientos del sistema renal-urinario, mal de orín, enfermedad e inflamación de los riñones, males del riñón, retención de orina y antiséptico urinario, **precaución,** ver **descripción de la planta.**

- **Guindilla,** su consumo estimula la circulación energética y de la sangre responsable de un aumento de la sudoración, y salida de líquidos por los poros, ver **descripción de la planta.**

- **Helecho común,** en el sistema genitourinario el cocimiento del rizoma (tallo horizontal y subterráneo del que nacen las raíces) se emplea como diurético, ver **descripción de planta,** forma de uso **VII.**

- **Hierba callera,** como diurético, consumir fresca, ver **descripción de la planta,** forma de consumo **VIII.**

- **Hierba de san Pedro,** es útil contra la retención de líquidos, ver **descripción de la planta,** forma de uso **VII.**

- **Hinojo marino,** en infusión o en adobo de sal y vinagre ejerce un leve efecto diurético, ver **descripción de la planta.**

- **Judías o Alubias,** como diurético y contra la hidropesía se prepara una cucharada llena de vainas secas cortadas en 250 ml. de agua fría. Hervir durante 5 minutos. Colar y beber dos o tres veces al día, ver **descripción de la planta.**

- **Lechuga,** consumir lechuga tiene un gran poder diurético, más efectiva es tomar en forma de jugo, ver **descripción de la planta.**

- **Liquen de Islandia,** contiene grandes cantidades de mucílago que le confiere acción diurética, ver **descripción de la planta,** forma de uso **VII.**

- **Llantén,** como diurético se puede utilizar para beberlo en forma de té, ver **descripción de la planta,** forma de uso **VII.**

- **Llantén acuático,** como diurético se usa en casos de nefritis, retención urinaria, edema y disuria, ver **descripción de la planta,** forma de uso **VII.**

- **Lúpulo,** contiene propiedades antisépticas y diuréticas, muy útil para eliminar líquidos retenidos, ver **descripción de la planta,** forma de uso **VII.**

- **Malvarrosa o Malva Real,** se utiliza contra la retención de orina, ver **descripción de la planta,** forma de uso **VII (1).**

- **Mango,** por su alto contenido de sustancias oligomineral tiene propiedades ligeramente diuréticas, por lo que es un alimento muy adecuado para aquellos que tienen problemas de retención de líquidos, ver **descripción de la planta.**

- **Manzana,** posee muy buenas propiedades diuréticas, ver **descripción de la planta.**

- **Melón,** es muy diurético, por lo que elimina toxinas, ver **descripción de la planta.**

- **Morera / Mora,** como diurético, verter un puñado de hojas frescas de morera en un litro de agua hirviendo. Reposar hasta que el líquido esté templado, filtrar y beber a vasitos durante el día, ver **descripción de la planta.**

- **Mostaza silvestre,** es bastante apreciada como diurético, ver **descripción de la planta.**

- **Nabo,** su presencia de agua y minerales ayuda a eliminar toxinas, depura nuestro organismo y reduce la retención de líquidos, ver **descripción de la planta.**

- **Naranjilla o Lulo,** fruta conocida como diurético que ayuda a inducir la micción, limpiando el cuerpo de toxinas depurando el exceso de sales y agua del cuerpo, ver **descripción de la planta.**

- **Naranjo dulce,** es beneficioso consumirlas por su efecto diurético y su riqueza en ácido cítrico como desinfectante, ver **descripción de la planta.**

- **Nevadilla,** sirve para aumentar la micción, ayuda en afecciones urinarias, retención de líquidos, ver **descripción de la planta,** forma de uso **VII.**

- **Níspero,** de alto porcentaje en agua que aporta al organismo y ayuda a eliminar toxinas, ver **descripción de la planta.**

- **Nogal,** la infusión de sus hojas tiene propiedades diuréticas, ver **descripción de la planta,** forma de uso **VII.**

- **Nuez de Cola,** su ingesta eliminar toxinas y a limpiar el organismo, ver **descripción de la planta.**

- **Ñame silvestre,** su consumo sirve para contrarrestar la retención hídrica, ver **descripción de la planta.**

- **Ombligo de Venus,** como diurético lo más indicado es en zumo, se prepara con los tallos y hojas de esta planta, colar a través de un lienzo. Tomar todos los días en ayunas hasta obtener el efecto deseado (una cucharada diluida en un vaso de agua grande), ver **descripción de la planta.**

- **Onagra,** se puede utilizar como diurético natural, ver **descripción de la planta.**

- **Oroval,** consumir los frutos frescos o en decocción son depurativos, **precaución,** ver **descripción de la planta.**

- **Ortiga,** una de las propiedades más destacadas de la ortiga es la facilidad de aumentar la eliminación líquidos que se acumula en el cuerpo, así como la hidropesía y la ascitis, ver **descripción de la planta,** forma de uso **VII.**

- **Ortiga muerta,** las flores y puntas floridas son depurativas y diuréticas contra la retención de orina, ver **descripción de la planta,** formas de uso **VII y VIII.**

- **Palmito,** sus diferentes beneficios diuréticos son beneficiosos contra la retención de líquidos para eliminar las diferentes toxinas del organismo, ver **descripción de la planta.**

- **Parietaria,** se utiliza para combatir la oliguria, ver **descripción de la planta,** forma de uso **VII.**

- **Pedicular,** la infusión al 10% se utiliza como diurético, por su mal sabor se puede mezclar con otras plantas para enmascarar, ver **descripción de la planta.**

- **Pimienta blanca,** contiene diaforético que promueve la sudoración y es diurética, lo que estimula la micción, ver **descripción de la planta.**

- **Pimienta negra,** el consumirla con regularidad, previene de forma eficaz la retención de líquidos favoreciendo su eliminación a través del sudor y la orina, ver **descripción de la planta.**

- **Pimiento rojo,** el consumo de esta variedad es un diurético natural para limpiar toxinas, ver **descripción de la planta.**

- **Pimiento verde,** el pimiento es diurético y contra la oliguria, que facilita la eliminación de líquidos en el organismo, ver **descripción de la planta.**

- **Pino,** se utiliza como diurético **siguiendo indicaciones de profesionales,** ver **descripción de la planta.**

- **Puerro,** alimento con propiedades diuréticas por su contenido en potasio y la pobreza en sodio, ver **descripción de la planta.**

- **Rábano rusticano,** como depurador del organismo se utiliza la infusión, ver **descripción de la planta,** forma de uso **VII.**

- **Retama de los tintoreros,** contiene azúcar y cierta cantidad de vitamina C, agradable ingesta como diurético tomado pequeñas cantidades, ver **descripción de la planta.**

- **Rubia,** la infusión de la raíz estimula la producción de orina, combate edemas, ver **descripción de la planta,** forma de uso **VII.**

- **Sandía,** de alto contenido de agua, es refrescante, diurética y desintoxicante para el organismo, ver **descripción de la planta.**

- **Serbal,** ejerce de influencia diurética, por eso la aplican a Mochekamenno, ver **descripción de la planta,** forma de uso **VII (1).**

- **Tamarindo,** se utiliza la infusión de la pulpa y las hojas **sin endulcorar** por sus efectos depurativos, ver **descripción de la planta.**

- **Tusilago o Fárfara,** se utiliza para aumentar la secreción y expulsión de orina, ver **descripción de la planta,** forma de uso **VII.**

- **Verdolaga,** se consume fresca en ensaladas, también en jugo al ser diurética, ver **descripción de la planta.**

- **Verónica acuática,** resulta diurética cuando se come cruda y fresca en ensalada o como aperitivo, ver **descripción de la planta.**

- **Vid,** al utilizar sus hojas estas actúan como eficaz tónico diurético para la oliguria, como infusión la decocción durante ½ hora de 30 gr. de zarcillos en un litro de agua. Reposar durante 30 minutos, colar y tomar 2 vasos al día, ver **descripción de la planta.**

- **Vulneraria,** es útil contra la retención de líquidos y eliminación de toxinas, **precaución,** ver **descripción de planta,** forma de uso **VII (3).**

- **Zarzaparrilla,** resulta adecuada para eliminar la retención de líquidos del organismo, ver **descripción de la planta,** forma de uso **VII (1 y 2).**

- **También se pueden** realizar infusiones para ingerir como diurético, alivian la retención de líquidos en el cuerpo utilizando las plantas siguientes: **Agave tequilana, Aguileña, Angélica, Apocino de Canadá, Boldo, Café verde, Cardamomo, Cártamo o Hua Hong, Catechu o Cato, Cionanto de Virginia, Comino, Doradilla (europea), Eneldo, Fresno, Galega, Galeopsis, Gatera, Grama común, Grama de las boticas, Guayacán o Guayaco, Guayusa, Habas, Haya, Helenio, Herniaria, Hibisco, Hidrocotyle, Hierba de los anteojos, Imperatoria, Lágrimas de Job, Laurel, Lespedeza, Levístico, Lirio común, Marrubio, Mastuerzo marítimo, Mate, Olivo, Oreja de oso, Ortosifón, Paliuro, Pareira brava, Pensamiento, Perifollo, Pimienta acuática, Podagraria, Romaza, Salvia, Saxífraga blanca, Te Rooibos, Tila, Tomillo cabezudo, Tronadora, Vellosilla, Viborera.** Se pueden **potenciar** unas con otras, pero siempre **es importante ver la descripción** de cada planta **por si existiese alguna interacción o contraindicaciones con fármacos.**

Edulcorantes

La **glucosa** es uno de los principales ingredientes que más **energía** aporta a nuestro organismo. Durante la **infancia** el consumo es muy importante al jugar un papel fundamental en el **desarrollo de los tejidos.** El cerebro absorbe el 20% de la glucosa que se ingiere, nutre el **sistema nervioso sirviendo** para un perfecto desarrollo **físico y mental.**

- **Su consumo** permite reponer los depósitos de **glucógeno** de **músculos e hígado.** Ayuda a **conciliar el sueño** gracias a su efecto relajante.

- **Su carencia** aumenta el apetito y **puede producir ansiedad,** siendo necesario una dosis diaria de glucosa bien sea en repostería o fruta, pero con un **consumo moderado** para evitar otros problemas por el exceso de su ingesta.

Existen edulcorantes o siropes de diferentes plantas medicinales, se debe de elegir los de mayor pureza y, **para evitar problemas de caries** se aconseja **utilizar solo unas gotas**, al ser su concentración en azúcares muy elevada.

****Se recomiendan** edulcorantes de bajo poder glucémico, **de menos del 5% en menores, personas diabéticas, con dietas o problemas de colesterol,** preferiblemente **el azúcar de Abedul de 0,2%** o la **Stevia, sin nada de azúcar,** aunque de un ligero sabor a regaliz.

- **Los más pequeños** son muchas veces **reacios a beber infusiones por su sabor,** pero se pueden enmascarar con Menta, una gota de Vainilla o cualquier edulcorante agradable a su paladar, **sin olvidar el ver posibles contraindicaciones o interacciones.**

- **Abedul,** existe en el mercado un azúcar hipoglucemiante, con 0,2 gr. de azúcar, muy interesante para los diabéticos o dietas, ver **descripción de la planta.**

- **Agave tequilana,** con sus hojas se puede elaborar un sirope que sirve como edulcorante. Existen diferentes preparados siendo extremadamente dulces empleando solo unas gotas, pudiéndose encontrar uno de bajo poder glucémico, ideal para menores, personas con dietas y los diabéticos, ver **descripción de la planta.**

- **Alerce,** en verano las hojas sudan un líquido que se emplea para edulcorar, beneficioso para personas con diabetes, ver **descripción de la planta.**

- **Arce,** excelente edulcorante es el empleo de su miel (conocida también como miel de Maple), sirope extraído por la evaporación de la savia del árbol, contiene una gran cantidad de azúcares simples y tan solo un 0,7% de minerales. **Contraindicado para diabéticos y personas intolerantes a la glucosa,** ver **descripción de la planta.**

- **Arroz,** como edulcorante se utiliza la melaza, al tratarse de un producto fermentado, su digestibilidad es mayor y contiene, al igual que el azúcar de caña integral, cierta cantidad de vitaminas y minerales provenientes de dichos cereales. Además, si han sido elaboradas con temperaturas inferiores a los 70º, contienen propiedades enzimáticas por lo que es importante conseguirlas de buena calidad. Endulzan algo menos que el azúcar y son bastante suaves al paladar. Sin duda es un **buen sustituto del azúcar blanco** (completamente carente de nutrientes, sobre todo para la población infantil). Existe un **sirope de arroz** en el mercado, ver **descripción de la planta.**

- **Caña de azúcar,** el azúcar integral de caña es uno de los edulcorantes más ricos en vitaminas y minerales. **Hay que considerar que incluso el exceso de este azúcar es perjudicial para la salud dental.** Varía las condiciones **cuando se utiliza en jugo,** es importante consumir el jugo lo más pronto al extraer, pues tiende a oxidarse en 15 minutos. El azúcar se obtiene evaporando el jugo de la caña por calentamiento o liofilización, **de todos los tipos de azúcar es el más saludable, pues contiene algunos minerales y vitaminas cuando se respeta el proceso artesanal de fabricación.**
- **El verdadero** azúcar de caña integral no es marrón, sino que tiene un color ligeramente tostado y se apelmaza con facilidad al contacto con la humedad. **Se encuentra en tiendas especializadas de productos biológicos.** El que habitualmente se vende en hipermercados está lleno de aditivos, no tiene nada que ver con el de verdad. Ni el color, ni la textura, ni sus propiedades, ni el procedimiento de obtención industrial. **Continúa...**

- **Existe melaza de caña** en tiendas especializadas. **Contraindicada para diabéticos y personas intolerantes a la glucosa,** ver **descripción de la planta,** forma de uso **IX.**

- **Cebada,** la melaza se obtiene igual y con idéntico beneficio que la del arroz como edulcorante. Sin duda es un buen sustituto del azúcar blanco (completamente carente de nutrientes), sobre todo para la **población infantil**, ver **descripción de la planta.**

- **Cebolla,** se puede realizar una melaza de cebolla como edulcorante, se obtiene igual que la del arroz, por medio de la decocción. Sustituto del azúcar refinado (completamente carente de nutrientes), sobre todo importante para la **población infantil,** ver **descripción de la planta.**

- **Coco,** existe un azúcar de coco, ver **descripción de la planta.**

- **Fresa,** existe sirope de fresa ideal para los más pequeños, y con más alimento que el azúcar refinado, varia el sabor de cualquier medicina o bebida que deba tomar, ver **descripción de la planta.**

- **Helecho polipodio,** el sabor de la raíz es dulce al contener sacarosa, puede ser utilizada sin ningún inconveniente como edulcorante. **Existe en forma de polvo.** Deben **consultar al médico o especialista** los **diabéticos,** ver **descripción de la planta.**

- **Higo chumbo o Tuna,** existe un azúcar de Tuna y una melaza edulcorante ideal para las dietas al contener un 67% menos calorías que el azúcar refinado. **Los diabéticos,** mejor consultar sobre los diferentes preparados, ver **descripción de la planta.**

- **Manzana,** existe un sirope de Manzana ideal para los más pequeños, y con más alimento que el azúcar refinado, sirve para variar el sabor de cualquier medicina o bebida que deba tomar, ver **descripción de la planta.**

- **Miel,** la miel puede contener en su composición hasta 150 elementos diferentes, edulcorante muy natural y delicioso, pero se debe consumir con moderación, **solo mayores de 1 año,** ver **descripción de la Miel.**

- **Stevia,** utilizada como edulcorante es ideal contra las caries y diabéticos al no contener azúcar, siendo importante en cualquier dieta por su bajo contenido en calorías, ver **descripción de la planta.**

Flatulencias

- **Agua,** tomando un vaso de agua caliente después de las comidas alivia los gases.

- **Albahaca,** las hojas, flores y parte tierna de los tallos en infusión, es indicada para combatir los gases, ver **descripción de la planta.**

- **Alcaparra,** su ingesta ayuda para expulsar los gases gastrointestinales, ver **descripción de la planta.**

- **Anís,** en infusión o en esencia se recomienda para la expulsión de gases, ver **descripción de la planta,** ver formas de uso **VI y VII.**

- **Anís estrellado o Badiana,** la infusión es un buen digestivo ideal en la reducción de gases o flatulencias. Tomar una taza de esta infusión después de las comidas, no superando las 3 tazas diarias, y **sólo durante una semana,** ver **descripción planta,** forma de uso **VII.**

- **Apio,** su utilización ingerido es beneficioso contra los gases, ver **descripción de la planta,** forma de consumo **VIII.**

- **Árbol de Tilo,** la infusión alivia los gases intestinales, ver **descripción planta,** forma de uso **VII.**

- **Asclepias tuberosas,** la infusión tomada tras las comidas alivia las flatulencias, ver **descripción de la planta,** forma de uso **VII.**

- **Boldo,** la infusión tibia se utiliza para los gases, tras las comidas, ver **descripción de la planta,** forma de uso **VII.**

- **Borraja,** la infusión para eliminar los gases, ver **descripción de la planta,** forma de uso **VII.**

- **Cálamo aromático,** para los espasmos gastroduodenales y meteorismo, ver **descripción de la planta,** forma de uso **VII.**

- **Calamento,** se utiliza **solo 1 gota de la esencia por vía oral** contra las flatulencias, ver **descripción de la planta.**

- **Cardo bendito,** la infusión favorece las secreciones gástricas, por su amargor, eliminando flatulencias, ver **descripción de la planta,** forma de uso **VII.**

- **Cascarilla,** para combatir meteorismo o las flatulencias, en infusión o en polvo, ver **descripción de la planta.**

- **Cilantro,** su consumo alivia y previene la flatulencia, ver **descripción de la planta.**

- **Citronella o Caña de limón,** tomar una taza de infusión 3 veces al día para los gases o flatulencias, ver **descripción de la planta,** forma de uso **VII.**

- **Clavo,** beneficiosa para eliminar flatulencias, ver **descripción de la planta,** forma de uso **VII.**

- **Cúrcuma,** licuada y bebida (enmascarar, sabor raro) ayuda a expulsar los gases del intestino al ser carminativa, ver **descripción de la planta.**

- **Díctamo,** se utiliza en infusión las hojas frescas recolectadas antes de la floración, contra las flatulencias excesivas, **precaución,** ver **descripción de la planta.**

- **Estragón,** el tomar una cucharadita de estragón seco por taza de agua en infusión o añadirlo fresco y picado muy fino a las comidas, contra los gases, ver **descripción de la planta.**

- **Hierbabuena,** planta aromática muy utilizada en infusiones de utilidad en el alivio de los gases acumulados, **precaución,** ver **descripción de la planta.**

- **Hinojo,** se utiliza para combatir las flatulencias, ver **descripción de la planta,** forma de uso **VII.**

- **Imperatoria,** se utiliza bien caliente para combatir los gases al aumentar las propiedades **expectorantes,** ver **descripción de planta.**

- Kelp, se usa para disminuir la flatulencia y las molestias intestinales por el movimiento del gas, ver **descripción de la planta.**

- Lechuga, fácil de digerir y muy beneficiosa para el aparato digestivo. A las personas con flatulencias se aconseja beber su jugo, ver **descripción de la planta.**

- Lilo, se suele utilizar para aliviar flatulencias y gases, ver **descripción de la planta.**

- Naranjilla o Lulo, la pepsina que se encuentran exclusivamente en esta fruta, elimina el estreñimiento, ablanda las heces, alivia los gases y es bastante beneficioso en el tracto gastrointestinal, ver **descripción de la planta.**

- Níspero, para las flatulencias, consumir muy maduro, ver **descripción de la planta.**

- Noni, se consume para desinflamar el aparato digestivo, ayudando a la eliminación de gases, ver **descripción de la planta.**

- Nuez moscada, contra las flatulencias, es conveniente consumir en las comidas como digestivo, ver **descripción de la planta.**

- Orégano, la infusión es buena para los espasmos gastrointestinales y el meteorismo, ver **descripción de la planta,** forma de uso **VII.**

- Papaya, ayuda a prevenir la formación de gases, ver **descripción de la planta.**

- Pimienta de Jamaica, elimina las flatulencias, ver **descripción de la planta.**

- Potentilla tormentila, para combatir las flatulencias, ver **descripción de la planta,** forma de uso **VII (4).**

- Rábano rusticano, para las flatulencias se utiliza en infusión, ver **descripción de la planta,** forma de uso **VII.**

- Roble albar, la infusión ingerida se emplea contra las flatulencias, ver **descripción de la planta,** forma de uso **VII.**

- **Romero,** las infusiones evitan el meteorismo, ver **descripción de la planta,** forma de uso **VII (1).**

- **Semillas de zaragatona,** de capacidad antiinflamatoria para evitar flatulencias, **cuidado,** ver **descripción de la planta Zaragatona.**

- **Tomillo cabezudo,** su miel se utiliza para combatir las flatulencias, ver **descripción planta.**

- **También se pueden** realizar infusiones ingeridas para prevenir la creación, disminuir o eliminación gases intestinales con las plantas siguientes: **Abrótano hembra, Ajedrea, Angélica, Asafétida o Hing, Cayena, Comino, Enebro común, Haronga, Hierbaluisa o Cedrón, Hisopo, Laurel, Levístico, Marrubio, Melisa o Hierba limón, Menta, Naranjo amargo, Naranjo dulce, Pimienta blanca, Poleo menta, Salvia, Salvia romana, Sanícula, Sassafrás, Té de roca, Tomillo, Vasaka, Verónica.** Se pueden **potenciar** unas con otras, pero siempre **es importante ver la descripción** de cada planta **por si existiese alguna interacción o contraindicaciones con fármacos.**

Laxantes

****Aparecen laxantes en Dolencias femeninas con soluciones específicas para Embarazadas y tras el Parto. También otros específicos para los más pequeños en Menores de 12 años.**

- **Acedera,** tomando dos tazas diarias de infusión, se combate eficazmente **el estreñimiento,** ver **descripción de la planta.**

****Siempre que se use una planta como laxante tener presente que se trata de una medida temporal. El uso prolongado sin conocimiento del médico puede acarrear efectos secundarios difíciles de resolver.**

- **Aceite de oliva,** contra **el estreñimiento** e infecciones en el tracto digestivo es recomendable consumir pan con aceite con regularidad en el desayuno o como merienda, o una cucharada en ayunas, ver **descripción de la planta.**

- **Acelga,** su consumo sirve para **evitar el estreñimiento,** ver **descripción de la planta.**

- **Agar,** alimento muy rico en fibra, **ayuda a regular el tránsito intestinal** de manera suave, sin efectos irritantes asociados a laxantes, ver **descripción de la planta.**

- **Ajo,** el consumo de 4 ajos al día ayuda a combatir y **eliminar el estreñimiento, precaución,** ver **descripción de la planta.**

- **Alcachofa,** es rica en fibra por lo que su consumo proporciona sensación de saciedad y **actúa como ligero laxante** que favorece el tránsito intestinal contribuyendo a aliviar o prevenir el estreñimiento, ver **descripción de la planta,** forma de consumo VIII.

****Siempre que se use una planta como laxante tener presente que se trata de una medida temporal. El uso prolongado sin conocimiento del médico puede acarrear efectos secundarios difíciles de resolver.**

- **Alfalfa,** su gran cantidad de celulosa estimula y **acelera la evacuación intestinal** como laxante, ver **descripción de la planta.**

- **Algarroba,** regular el tránsito intestinal y **combate el estreñimiento** dado su alto contenido en proteínas, vegetales y fibra, ver **descripción de la planta.**

- **Alholva,** se emplea la infusión y el consumo **para el estreñimiento,** ver **descripción de la planta,** formas de uso VII y VIII.

- **Almendro,** dos cucharadas de aceite de almendra en ayunas, actúa **eficazmente como laxante,** ver **descripción de la planta.**

- **Aloe vera,** de las hojas se obtienen dos compuestos, gel y zumo que **actúan como laxante,** existen preparados. **La pulpa o gel interior,** ingerido, tiene un ligero efecto laxante, ver **descripción de la planta.**

- **Alquequenje,** tomar contra **el estreñimiento** tanto en infusión como en polvo, ver **descripción de la planta,** formas de uso **VII y VIII.**

- **Amaranto,** su consumo es **beneficioso para el estreñimiento,** ver **descripción de la planta,** forma de consumo **VIII.**

- **Ananá o Piña tropical,** se debe de hervir la cáscara del Ananá con una rama de Canela en 1 ½ de agua, hasta que quede 1 l., beber en ayunas mejor, en horas se verá el efecto, **poderoso laxante tomando la decocción durante varios días, en ayunas.** Repetir cuando vuelva el estreñimiento. Para comer el fruto pelado y que no pique en la boca, se recomienda dejar en remojo con sal entre 5 y 10 minutos, ver **descripciones de las plantas.**

- **Arazá o Guayabo,** las infusiones proporcionan un **efecto laxante,** ver **descripción de la planta,** forma de uso **VII.**

- **Arísaro,** en ocasiones se utiliza **como laxante, solo bajo prescripción médica, precaución,** ver **descripción de la planta.**

****Siempre que se use una planta como laxante tener presente que se trata de una medida temporal. El uso prolongado sin conocimiento del médico puede acarrear efectos secundarios difíciles de resolver.**

- **Armuelle,** se puede comer, su modo de preparación es muy similar al de la Espinaca. También se puede **preparar infusiones** con algunas hojas secas en una taza de agua hirviendo durante algunos minutos, este es el **método más efectivo como laxante,** ver **descripción de la planta.**

- **Avellana,** su fibra tiene **propiedades laxantes,** especialmente si se consume **después de las comidas,** ver **descripción de la planta.**

- **Avena,** su contenido en fibras actúa como regulador metabólico, siendo **ideal como laxante,** ver **descripción de la planta.**

- **Ayahuasca, Yagé o Capi,** la infusión es un **buen laxante,** ver **descripción de la planta,** forma de uso **VII.**

- Azufaifo o Jinjolero, a causa del abundante mucílago que forma en el intestino, basta **comer los frutos en cantidad suficiente como laxante,** ver **descripción de la planta.**

- Azúkis, por su aporte de fibra regula el tránsito intestinal **mejorando el estreñimiento,** ver **descripción de la planta.**

- Berenjena, consumidas sirve eficazmente **para mejorar o prevenir el estreñimiento,** ver **descripción de la planta.**

- Cacao, puede actuar de **forma dual,** en exceso estriñe, pero también sirve de alivio natural **frente al estreñimiento,** alimento ideal para tonificar y estimular el sistema digestivo, ver **descripción de la planta.**

- Calabacera o Calabaza, un sencillo **puré de pulpa de calabaza** es diurético y **laxante.** También **el jugo de su pulpa** tomado por la mañana **en ayunas,** ver **descripción de la planta.**

****Siempre que se use una planta como laxante tener presente que se trata de una medida temporal. El uso prolongado sin conocimiento del médico puede acarrear efectos secundarios difíciles de resolver.**

- Calabacín, es muy eficaz **contra el estreñimiento** por su alto contenido en fibra. **Limitar su consumo en menores** con problemas de diarreas, ver **descripción de la planta.**

- Cálamo aromático, en infusión se utiliza para personas que sufren de trastornos digestivos como el **estreñimiento,** es un estimulante digestivo totalmente natural, ver **descripción de la planta,** forma de uso **VII.**

- Calamondin, se utiliza **su jugo, ligeramente diluido,** bebido caliente sirve **como laxante,** ver **descripción de la planta.**

- Campanilla, para **casos de estreñimiento,** la infusión se prepara hirviendo agua y poner hojas y raíces durante 3 minutos, reposar otros tres y beber de 2 a 3 tazas diarias, ver **descripción de planta.**

- **Caña de Azúcar,** el jugo se considera que es **particularmente útil** en el tratamiento del problema del **estreñimiento,** ver **descripción de la planta.**

- **Cáñamo o Cañamón,** ideal el consumir sus semillas en caso de estreñimiento, ya que tienen un altísimo porcentaje de fibra, ver **descripción de la planta.**

- **Cártamo o Hua Hong,** el aceite de sus semillas se utiliza **como laxante,** ver **descripción planta.**

- **Cáscara Sagrada,** la corteza está **considerada como un laxante** natural, **siempre bajo control médico,** ver **descripción de la planta.**

- **Castaña,** alimento muy alto en fibra. **Se recomienda** como tratamiento natural a aquellos que sufren **estreñimiento,** ayuda a que puedas acudir al baño más veces, al permitir que los movimientos intestinales sean mucho más regulares, ver **descripción de la planta.**

****Siempre que se use una planta como laxante tener presente que se trata de una medida temporal. El uso prolongado sin conocimiento del médico puede acarrear efectos secundarios difíciles de resolver.**

- **Cayena,** combate **problemas de estreñimiento** por sus componentes laxantes, como Calcio, Magnesio y Ácido cinámico, ver **descripción de la planta.**

- **Cebada,** su uso **como agua de día** por su alta riqueza en fibra ayuda a **evitar problemas de estreñimiento,** ver **descripción de la planta,** forma de uso **VII.**

- **Centeno,** su fibra y mucílagos favorecen el **tránsito intestinal y fácil evacuación** al suavizar las mucosas intestinales, ver **descripción de la planta,** formas de uso **VII y VIII.**

- **Cerraja,** se suele beber **el jugo** del tallo **para el estreñimiento,** ver **descripción de la planta.**

- **Chayote,** el consumo de la pulpa es **utilizada como laxante,** ver **descripción de la planta.**

- **Chia,** buena fuente de fibra, **excelente** remedio para combatir el **estreñimiento,** ver **descripción de la planta.**

- **Chirimoya,** debido a su contenido en fibra le confiere **propiedades laxantes,** ver **descripción de la planta.**

- **Ciruelo / Pruno,** su fruto, las ciruelas, es de **gran poder laxante,** ver **descripción de la planta,** forma de consumo **VIII.**

- **Cocotero / Coco,** su contenido en fibra le confiere **propiedades ciertamente laxantes,** ver **descripción de la planta.**

- **Col de Bruselas,** dada la alta cantidad de vitamina C, ayuda a **combatir el estreñimiento,** ver **descripción de la planta.**

- **Copaiba,** se recomienda **como laxante diluir diez gotas de su aceite en medio vaso agua.** Beber tres veces al día, para no recurrir a laxantes comerciales que a la larga solo perjudican la salud, ver **descripción de la planta.**

****Siempre que se use una planta como laxante tener presente que se trata de una medida temporal. El uso prolongado sin conocimiento del médico puede acarrear efectos secundarios difíciles de resolver.**

- **Dátil,** la **decocción de dátiles maduros** es un **gran laxante,** ver **descripción de la planta.**

- **Endivia,** rica en fibra, de forma que **su consumo** es interesante **contra el estreñimiento,** ver **descripción de la planta.**

- **Endrino,** su utilización es conocido por su **poderoso poder** depurativo, tónico y **laxante,** beber una taza al día durante 4 días seguidos. La infusión se prepara con 20 gr. de flores por litro de agua, ver **descripción de la planta.**

- **Escarola,** previene o **mejora el estreñimiento,** ver **descripción de la planta.**

- **Espárrago,** considerado buen **laxante en el estreñimiento crónico,** ver **descripción planta.**

- **Espino cerval,** la ingestión o en infusión **se recomienda como laxante** efectivo, ver **descripción de la planta.**

- **Fresal,** la infusión de hojas y raíces se usan **para el estreñimiento,** ver **descripción de la planta,** forma de uso **VII.**

- **Fucus,** se usa **para ayudar** a regular el tránsito intestinal, reduciendo **el estreñimiento,** ver **descripción de la planta.**

- **Garbanzos,** si se consume, por su riqueza en fibra previene y **mejora el estreñimiento,** ver **descripción de la planta.**

- **Granadilla,** consumida **entera, con semillas,** presenta un alto contenido de fibra, **muy beneficioso** para la salud **como laxante,** ver **descripción de la planta.**

- **Guayacán o Guayaco,** destaca su **acción como laxante** y excelente depurativo, **precaución,** ver **descripción de la planta.**

****Siempre que se use una planta como laxante tener presente que se trata de una medida temporal. El uso prolongado sin conocimiento del médico puede acarrear efectos secundarios difíciles de resolver.**

- **Guisante,** su fibra insoluble se aprecia por **su eficacia contra el estreñimiento** en todas las edades, ver **descripción de la planta.**

- **Harpagofito,** la infusión hace que la acción colorética aumente la producción de bilis mejorando la digestión y **ligero efecto laxante,** ver **descripción de la planta,** forma de uso **IV.**

- **Helecho polipodio,** se usa como **buen laxante,** ver **descripción planta,** forma de uso **VII.**

- **Hibisco,** la infusión **en caso de estreñimiento doloroso,** tomar como té puede ayudar, ver **descripción de la planta.**

- **Hierba de san Pedro,** se utiliza **contra el estreñimiento,** ver **descripción de la planta,** forma de uso **VII.**

- **Higuera,** como **laxante,** hervir durante 20 minutos 50 gr. de higos secos. **En ayunas, beber el líquido y comer** los higos hervidos, ver **descripción de la planta.**

- **Hortensia,** excelente catártico **(acelera la defecación),** ver **descripción planta,** forma de uso **VII.**

- **Ispágula,** para **asegurar una defecación suave,** con caso de fisura anal, hemorroides, cirugía rectal, tras el parto, **precaución,** ver **descripción de planta.**

- **Kaki,** el fruto muy maduro se utiliza **eficazmente para combatir el estreñimiento** en todas las edades por su contenido en fibra y azúcares, ver **descripción de la planta.**

- **Kelp,** su consumo mejora el tránsito intestinal por su alto contenido en fibra vegetal **evitando problemas de estreñimiento,** ver **descripción de la planta.**

****Siempre que se use una planta como laxante tener presente que se trata de una medida temporal. El uso prolongado sin conocimiento del médico puede acarrear efectos secundarios difíciles de resolver.**

- **Kiwi,** su contenido en magnesio, fibra soluble e insoluble le confiere fuertes propiedades contra el estreñimiento, ver **descripción de la planta.**

- **Kudzu,** de **actuación dual** actúa en caso de **estreñimiento o como diarreico** al regenerar la flora intestinal, ver **descripción de la planta.**

- **Lentejas,** es útil **contra el estreñimiento,** favorece el proceso digestivo y evita el síndrome del intestino irritable, ver **descripción de la planta.**

- **Limón,** sirve para solucionar el **estreñimiento leve,** ver **descripción de la planta.**

- **Lino,** es un excelente **laxante** por su alto contenido en fibras, ver **descripción de la planta.**

- **Mahonia,** se utiliza en infusión **como laxante,** ver **descripción de planta,** forma de uso **VII.**

- **Malvarrosa o Malva Real,** usar **para el estreñimiento,** ver **descripción de la planta,** forma de uso **VII (1).**

- **Mandarino,** excelente fruta que **mejora el tránsito intestinal** en todas las edades, en zumo o ingerida, ver **descripción de la planta.**

- **Mango,** con alto contenido de sustancias oligominerales de **propiedades ligeramente laxantes** y diuréticas, alimento muy adecuado para aquellos que tienen problemas de **estreñimiento,** ver **descripción de la planta.**

- **Mango africano,** su fibra también **actúa como laxante** natural formador de masa, lo que ayuda a deshacerse de los residuos y a llevar una dieta más sana en general, ver **descripción de la planta.**

****Siempre que se use una planta como laxante tener presente que se trata de una medida temporal. El uso prolongado sin conocimiento del médico puede acarrear efectos secundarios difíciles de resolver.**

- **Maracuyá,** de contenido elevado de fibra **mejora el tránsito intestinal,** ver **descripción planta.**

- **Melón,** al ser diurético actúa **como un laxante suave,** ver **descripción de la planta.**

- **Melón cantalupo o francés,** fruta que por sus propiedades diuréticas **es un laxante suave,** ver **descripción de la planta.**

- **Moringa,** de naturaleza fibrosa, **se podrá ir más de lo normal** al baño durante el primer día. **El exceso** de su consumo puede **inducir a la diarrea** al ser un **potente laxante,** ver **descripción de la planta.**

- **Mostaza blanca,** destaca **como laxante, en ayunas,** al ingerir una cucharada o dos de **semillas enteras o picadas.** Estas no son absorbidas, pero expelen las heces **sin irritar el intestino,** ver **descripción de la planta.**

- **Musgo de agua,** tomando en infusión 3 tazas al día, **después de cada comida, actúa como laxante,** ver **descripción de la planta,** forma de uso **VII.**

- **Nabo,** considerado **como un laxante suave,** ver **descripción de la planta.**

- **Naranjilla o Lulo,** la pepsina se encuentran exclusivamente en esta fruta, por lo que resulta ser muy buena para la salud digestiva **al eliminar el estreñimiento,** ablanda las heces, alivia el gas y es bastante beneficiosa para el tracto gastrointestinal, ver **descripción de la planta.**

- **Naranjo dulce,** su consumo o en zumo (con la pulpa), **ayuda a combatir el estreñimiento** gracias a su fibra y contenido en Magnesio, ver **descripción de la planta.**

- **Ñora,** su utilización actúa aliviando **el estreñimiento,** ver **descripción de la planta.**

****Siempre que se use una planta como laxante tener presente que se trata de una medida temporal. El uso prolongado sin conocimiento del médico puede acarrear efectos secundarios difíciles de resolver.**

- **Ortiga,** contiene mucílagos que **favorece los movimientos del intestino** (peristálticos) al contraer los músculos, haciendo que el bolo alimentario pase más rápido al sistema excretor, **muy bueno para problemas de estreñimientos.** Beber una infusión realizada con dos cucharadas de hojas secas por litro de agua, antes de las comidas o tres veces al día, ver **descripción de la planta.**

- **Paciencia,** su **suave acción laxante** es un remedio útil **en caso de estreñimiento puntual,** ideal para mejorar el ritmo de deposiciones en personas mayores al estimular los movimientos intestinales ralentizados por la edad y el reposo, ver **descripción de la planta.**

- **Papaya,** es **buen laxante,** disminuye el estreñimiento, **usar a partir de los 3 años,** ver **descripción de la planta.**

- **Paraguaya,** su contenido en fibra ayuda a regular el tránsito intestinal y **evitar el estreñimiento,** ver **descripción de la planta.**

- **Pasas de uva,** se puede consumir para regular el tránsito intestinal, **actúa como laxante** por su alto contenido en fibras, ver **descripción de la planta.**

- **Patata,** por su contenido en fibra ayuda a **prevenir el estreñimiento** y promover la regularidad del aparato digestivo, ver **descripción de la planta.**

- **Perejil,** por su contenido en fibra es interesante **contra el estreñimiento,** se recomienda tomar una taza de su infusión **antes de las 3 comidas principales,** ver **descripción de la planta.**

- **Pimienta blanca,** la cantidad de Hierro que aporta este condimento y si riqueza en fibra, ayuda **como laxante suave,** ver **descripción de la planta.**

****Siempre que se use una planta como laxante tener presente que se trata de una medida temporal. El uso prolongado sin conocimiento del médico puede acarrear efectos secundarios difíciles de resolver.**

- **Pimiento amarillo,** por su contenido de fibra es **laxante,** facilitando **la excreción de las heces,** ver **descripción de la planta.**

- **Pimiento verde,** por su contenido en Magnesio y fibra, sirve para **prevenir y la mejora el estreñimiento como laxante suave,** ver **descripción de la planta.**

- **Plátano,** muy rico en fibra, **consumir con moderación,** para los que **sufren de estreñimiento** al estimular el movimiento intestinal sin necesidad de utilizar laxantes, ver **descripción de la planta.**

- **Polen,** se utiliza para prevenir y tratar **casos de estreñimiento,** ver **descripción de la planta,** forma de consumo **VIII.**

- **Puerro,** las fibras que contiene generan un efecto mucilaginoso **para combatir el estreñimiento,** ver **descripción de la planta.**

- **Remolacha,** cocida con piel **tiene acción laxante**, ingerir y beber el líquido de la decocción, ver **descripción de la planta.**

- **Retama de los tintoreros,** contiene azúcar, mucílagos y cierta cantidad de vitamina C, preparar la infusión con 15 gr. de flores, para utilizar como **laxante moderado,** ver **descripción de la planta.**

- **Romanza,** sus propiedades actúan **como laxantes,** ver **descripción de la planta.**

- **Rubia,** se utiliza en infusión **para combatir el estreñimiento,** ver **descripción de la planta,** forma de uso **VII.**

- **Sandía,** las **semillas son comestibles,** sirve su ingesta al tener una **fuerte acción laxante,** ver **descripción de la planta.**

- **Sanguinaria del Canadá,** actúa **contra el estreñimiento, precaución,** ver **descripción de la planta,** forma de uso **VII.**

****Siempre que se use una planta como laxante tener presente que se trata de una medida temporal. El uso prolongado sin conocimiento del médico puede acarrear efectos secundarios difíciles de resolver.**

- **Saponaria,** se utiliza al ser un **excelente laxante,** en dosis altas puede provocar malestares estomacales y diarreas, **precaución,** ver **descripción de la planta.**

- **Sen o Cassia,** corrector **en problemas de estreñimiento, no prolongar más allá de una semana,** si los problemas de estreñimiento persisten debemos buscar otra solución. **Solucionado** el problema de estreñimiento **dejar de tomar, mucha precaución,** ver **descripción de la planta.**

- **Sésamo,** utilizando su aceite ejerce un **efecto laxante, precaución,** ver **descripción de la planta.**

- **Sidra,** bebida beneficiosa en caso de **estreñimiento ocasional,** ver **descripción de la planta.**

- **Té de roca,** puede actuar de forma **dual, conviene vigilar en los más pequeños,** la infusión **combate el estreñimiento,** ver **descripción de la planta.**

- **Te Rooibos,** al ser **dual conviene vigilar en los más pequeños,** puede ser un remedio **adecuado en caso de diarrea o estreñimiento,** ver **descripción de la planta.**

- **Tomate,** su consumo **conviene vigilar en los más pequeños,** al tener la facultad **dual** de prevenir el estreñimiento y la diarrea, ver **descripción de la planta.**

- **Trigo,** consumir por su fibra, mejora y **alivia el estreñimiento,** ver **descripción de la planta.**

- **Trigo sarraceno,** por su gran aporte de fibra está **recomendado** en caso de **estreñimiento,** ver **descripción de la planta,** forma de consumo **VIII.**

****Siempre que se use una planta como laxante tener presente que se trata de una medida temporal. El uso prolongado sin conocimiento del médico puede acarrear efectos secundarios difíciles de resolver.**

- **Violeta,** emoliente puede **tratar el estreñimiento,** ver **descripción de la planta,** forma de uso **VII.**

- **Vulneraria,** se puede usar **como laxante** suave, **precaución,** ver **descripción de la planta,** forma de uso **VII (3).**

- **También se pueden** realizar infusiones para suavizar las mucosas intestinales **actuando como laxante** las plantas siguientes: **Agracejo, Asafétida o Hing, Boldo, Caña Fístula o Carao, Cardo mariano, Desmodium, Fresno, Grama común, Guar, Hiedra común, Índigo o Añil, Lágrimas de Job, Lapsana, Malva, Mate, Pareira brava, Pensamiento, Perilla, Romaza, Rosal, Tamarindo, Tamarindo Malabar, Trébol acuático, Tupinambur, Vainilla, Yerba santa.** Se pueden **potenciar** unas con otras, pero siempre **es importante ver la descripción** de cada planta **por si existiese alguna interacción o contraindicaciones con fármacos.**

Formas de uso de las plantas

Formas de uso de plantas con la letra A

**** Para evitar problemas de caries,** se aconseja para edulcorar los distintos alimentos en lugar de Azúcar que es perjudicial y sin aporte vitamínico, utilizar cualquiera de los que se indican en el **apartado de Edulcorantes.**

- **Abedul,** ver **descripción de la planta.**
  - **Formas de uso VII**
    - **La infusión,** se realiza **con una cucharadita de** postre **con hojas secas por vaso de agua. Tomar dos o tres vasos al día.**
    - **Lavado de piel,** la infusión para uso tópico se realiza poniendo hojas en agua, hervir durante unas horas y utilizar.

- **Aciano,** VII.- **Hervir agua** y agregar una cucharada de postre con pétalos y hojas. Reposar, colar y beber **tibia de 2 o 3 tacitas al día. En** uso tópico, **sin edulcorar,** ver **descripción de la planta.**

- **Agracejo,** IX.- **Para realizar el jarabe:** hervir 3 litros de agua con 1 kg. de bayas, hasta que cubra lo justo las bayas. Añadir ½ Kg. de azúcar de caña y hervir 10 minutos a fuego lento, quedará aprox. 1,5 litro. Embotellar en frascos esterilizados y conservar en el frigorífico. Consumir disuelto en infusión o con un poco de agua, ver **descripción de la planta.**

- **Agripalma,** ver **descripciones de las plantas.**
  - **Formas de uso VII.- Se utilizan** sumidades floridas, con preferencia en estado fresco. **Las hojas secas ennegrecen** y pierden su eficacia medicinal. Hervir, reposar 10 minutos, colar y beber templado, **sin edulcorar.**
    - **Infusión como tónico** se realiza con 30 a 50 gr. de sumidades floridas en un litro de agua hirviendo. Colar y tomar 3 tazas al día. **También** se puede utilizar **en uso tópico.**
    - **Tisana:** contra las palpitaciones o taquicardias. 150 gr. de hojas, 50 gr. de raíz de Valeriana y 100 gr. de hojas de Romero. Hervir en un litro de agua durante 5 minutos. Filtrar y beber varios días, **una taza muy caliente por la noche** antes de acostarse.   **Continúa...**

...

- **Como calmante:** dos cucharadas grandes de Agripalma en 250 gr. de agua hirviendo. Reposar, colar y beber.

- **Ajenuz,** ver **descripción de la planta.**
  - **Formas de uso VII**
    - **Como diurético,** en 200 ml de agua hirviendo verter 2 gr. de semillas trituradas.
    Reposar 10 minutos. Colar y **beber dos tazas al día.**
    - **Para enjuagues o gargarismos,** hervir 5 gr. de semillas trituradas en 400 ml. de agua. Al hervir dejar 3 minutos más y reposar 10. Remover mientras se enfría, colar y utilizar.

- **Álamo negro,** ver **descripción de la planta.**
  - **VI.- Las dosis varían** según la presentación y propósito, **existen en:** pomadas, jarabes, tinturas.
  - **VII.- La infusión se realiza** hirviendo 4 cucharadas de corteza por litro de agua. Colar y beber varias tazas a lo largo del día.

- **Alcachofera/Alcachofa,** ver **descripciones de las plantas.**
  - **VII.- Hervir agua y agregar** una cucharada de hojas secas, mantener el hervor durante 3 minutos. Tapar y reposar 10 minutos. Beber tibia antes de las comidas.
  - **VIII.- Comer las alcachofas** cocidas y beber el líquido resultante, resulta muy depurativo. **También se puede comer cruda** o hacer zumo exprimiendo 1 cucharadita de sus hojas finamente cortadas, ½ bulbo de Hinojo, 4 hojas verdes de Diente de león, 4 tallos de Apio y medio Calabacín, diluir con un poco de agua mineral.

- **Alholva,** ver **descripción de la planta.**
  - **VII.- En decocciones o infusiones,** al poseer un olor poco agradable, se utiliza en muy poca cantidad o mezclado con otras hierbas aromáticas. **Más de 100 gr. al día puede causar diarrea y náuseas.**
  - **VIII.- Se puede consumir** en decocciones, infusiones o directamente como complemento. **De uso tópico** en forma de papilla para la piel y heridas. Como complemento a ensalada y pescado, **de olor poco agradable,** en ... **Continúa...**

...

la alimentación **se utiliza en muy poca** cantidad o mezclado con otras hierbas aromáticas, Cúrcuma, Curry indio o en pescados en papillote. **Más de 100 gr. al día puede causar diarreas y náuseas.**

- Aliaria, IV.- Exprimir la planta con un paño fino de algodón (seca pierde buena parte de sus propiedades), o con el jugo de la planta machacada, lavar las heridas y aplicar una compresa, ver **descripción de la planta.**

- Alpiste, VII.- La infusión se realiza con 50 gr. por litro de agua, hervir hasta que se ablande, beber antes de comer o como agua de día, **se puede enmascarar el sabor con otras plantas o edulcorar al gusto,** ver **descripción de la planta.**

- Alquequenje, ver **descripción de la planta.**

- **VII.- La infusión se realiza** al hervir 15 - 20 bayas por litro de agua durante 5 minutos. Reposar, colar y beber un vaso por la mañana.
- **VIII.- El polvo se consigue con los frutos secos triturados,** se puede tomar de 2 a 3 gr. en **3 tomas al día.**

- Amaranto, VIII.- Al ser muy diversas sus formas de preparar, resulta muy fácil de añadir y consumir los granos tostados o su harina. Preparar una sabrosa ensalada con sus hojas, o utilizar como relleno para pastas, pasteles o todo tipo de platos, ver **descripción de la planta.**

- Ambay, VII.- Se realiza vertiendo 20 gr. de hojas por litro de agua hirviendo, dejar hervir 10 minutos más. Reposar y colar, se puede beber hasta 3 tazas. **Se recomienda edulcorar** al ser muy amargo, ver **descripción de la planta.**

- Amor de hortelano, VII. - Hervir un buen puñado fresco, o dos si la planta está seca por litro de agua hirviendo. Reposar, colar y beber, ver **descripción de la planta.**

- Anacahuita, VII.- Hervir 20 gr. por litro de agua, tomar bien caliente **4 o 5 veces al día,** ver **descripción de la planta.**

- Ananá o Piña tropical, IX.- Se realiza pelando la piña y hervir las cortezas o cáscaras con una rama de Canela en 1 ½ litro de agua hasta que quede 1 litro. Tomar frio en ayunas, **como laxante** es efectivo **casi de inmediato** en algunas personas, el resto tomar durante el día. Para comer el fruto pelado y no pique en la boca (suele ocurrir si no es muy madura), se recomienda dejar en remojo con sal entre 5 y 10 minutos, ver **descripciones de las plantas.**

- Anís (no estrellado), ver **descripción de la planta.**
- **VI.- Se puede suministrar** directamente su esencia, de 1 a 4 gotas en un terrón o cucharada de azúcar. Repetir hasta 3 veces al día, **lo ideal es después de la comida.**
- **VII.- Hervir un fruto de anís** por taza de agua. Reposar, colar y beber. Se puede reforzar su efecto con unas gotas de su esencia.

- Anís estrellado o Badiana, VII.- Utilizar 2 estrellas de anís, la corteza de 1 limón en ½ litro de agua. Cuando inicie el hervor apagar y añadir el Anís estrellado. Tapar y reposar durante 15 minutos, 5 minutos antes de que se acabe el tiempo de reposo se añade la corteza de Limón. Filtrar, colar y el sobrante guardar en botella de vidrio en el frigorífico, ver **descripciones de las plantas.**

- Antennaria o Pie de gato, VII.- Preparar 30 gr. por 1 litro de agua, hervir por 10 minutos, reposar 5 minutos, filtrar y beber hasta 3 tazas al día para **cistitis y las bilis.** Si se necesita **aumentar la secreción de bilis** se puede tomar **hasta 4 tazas al día** para mayor rapidez del efecto. **También** se utiliza **solo en gargarismos** para mejorar inflamaciones de **garganta, amigdalitis, faringitis,** ver **descripción de la planta.**

- Apio, ver **descripciones de las plantas.**
- **Formas de consumo VIII**
  - **En ensalada de huevo,** las hojas aportan un sustancial de sabor a la mezcla. Cortar la parte superior de los tallos en trozos finos, con hojas y añadir al huevo cocido.
  - **Rellenos,** funciona increíblemente con cualquier tipo de ave. Incluso se puede usar para rellenar cualquier ave al horno.

Continúa...

...

- **Sopa,** se puede utilizar en casi cualquier sopa. Poner un poco (o mucho) de Apio en la sopa, siempre la misma cantidad de Apio que de Zanahoria.
- **Al vapor,** conserva su sabor y nutrientes un 99%, en el frigorífico, en recipiente hermético o envolviéndolo en bolsa de plástico.

- Apocino de Canadá, ver descripción de la planta.

- **VI.- Se debe de utilizar** como máximo 1 gr., del extracto líquido al día.
- **VIII.- En las comidas** utilizar como máximo de polvo entre 0,06 a 0,5 gramos.

- Arazá o Guayabo, VII.- **La infusión se prepara con 50 gr.** de hojas y corteza de raíz por litro de agua, ver **descripción de la planta.**

- Árbol de Tilo, VII.- **Hervir una taza** de agua con un puñadito de flores de Tila o unas 6 hojitas en su defecto. Reposar 5 minutos, colar y beber. **En inhalaciones, enjuagues o gargarismos, sin edulcorar,** ver **descripción de planta.**

- Arenaria roja, VII.- **Hervir 1 litro** de agua con 40 gr. de hojas secas, reposar, filtrar y tomar varias tazas a lo largo del día, ver **descripción de planta.**

- Asclepias tuberosas, VII.- **Realizar la infusión con 30 gr.** por litro de agua. Reposar, colar y beber varias tazas al día. El polvo se puede añadir a otras bebidas y tomar de 1 a 3 gr., **tres o cuatro veces al día,** ver **descripción de la planta.**

- Aspérula, ver **descripción de la planta y de la Miel.**

- **Formas de uso VII**

  - Como calmante, para **jaquecas** es de efectos probados, en ¼ litro de agua hirviendo, verter 1 cucharada de postre con hierba seca, reposar 5 minutos. Colar y endulzar con Miel **(en mayores de 1 año),** beber justo antes de ir a la cama.

  - Para digestiones pesadas o lentas, hervir 30 gr. por litro de agua de Aspérula desecada. Reposar, colar y beber. **Otra forma es:** por cada verter 40 gr., de hojas y sumidades floridas ...

...

por litro de agua hirviendo. Reposar 10 minutos, filtrar y tomar después de las dos comidas principales.

- **Para los ojos,** agregar en cada litro de agua hervida 15 gr. de hojas y sumidades floridas, mantener 15 minutos más. Aplicar en los ojos a una temperatura de 30º como antiinflamatorio de párpados y zona ocular.

- **Avellano,** ver **descripción de la planta.**
  - **IV.- Preparar una decocción** de las raíces con 30 gr. por litro de agua, hervir 15 minutos, agregar ½ litro de alcohol de 40º y mezclar **para realizar compresas y cataplasmas.**
  - **VII.- La infusión se prepara** hirviendo 25 gr. de hojas por litro de agua, dejar 10 minutos, reposar, beber o utilizar en uso tópico.

- **Avena,** se utiliza para reducir la acumulación de líquido en el cuerpo, ver **descripción de la planta,** forma de uso **VII.**

- **Ayahuasca, Yagé o Capi,** **VII.- La cocción** de sus hojas, tallo y semillas. **También en infusión,** ver **descripción de la planta.**

- **Azota caballos,** ver **descripción de la planta.**
  - **Formas de uso VII**
    - **La infusión,** para consumo se prepara con la cantidad recomendada entre 20 a 25 gr. por litro de agua, beber **tres o cuatro tazas diarias.**
    - **Para uso externo,** se debe preparar hirviendo 40 gr. de corteza por litro de agua.

Formas de uso de plantas con la letra B

**** Para evitar problemas de caries,** se aconseja para edulcorar los distintos alimentos en lugar de Azúcar que es perjudicial y sin aporte vitamínico, utilizar cualquiera de los que se indican en el **apartado de Edulcorantes.**

- **Biznaga malagueña,** VII.- **La infusión se prepara** a partir de los frutos secos, hervir 30 gr. por litro de agua. Reposar, colar y beber esta infusión 3 veces al día para aprovechar los efectos diuréticos, ver **descripción de la planta.**

- **Boldo,** VII.- **Dos cucharadas soperas** de sus hojas en taza y media de agua. Para remedio hepático, hervir el agua y agregar hojas de Boldo. Dejar hervir 10 minutos más, reposar y tomar en ayunas, agregar medio Limón. Beber tibio o frío en la comida y cena, ver **descripciones de las plantas.**

- **Bolsa de pastor,** ver **descripción de la planta.**
  - **Formas de uso VII**
    - **La infusión,** se realiza entre 30 a 60 gr. por litro de agua. Reposar 10 minutos.
    - **Para uso tópico,** más concentrada para lavados de heridas, hemorroides y varices.

- **Borraja,** ver **descripción de la planta.**
  - **VII.- Preparar la infusión** con una cucharada de postre de la planta por taza de agua caliente, reposar con el líquido tapado 4 minutos, colar y beber tibia. **Se puede utilizar en gargarismos** para las anginas, laringitis o incluso mejorar la salud de encías débiles o sangrantes, y en cataplasmas para heridas. Incluso **para cistitis** y estimular la **producción de leche materna.**

- **Buchú,** ver **descripción de la planta.**
  - **VII.- En uso interno** preparar una infusión hirviendo 50 gr. de hojas por litro de agua. Colar y **beber 3 tazas diarias** (ideal para cistitis y limpiezas uretrales). **En gargarismos** para infecciones de garganta. **En uso tópico de cataplasma** para hemorroides.

- **Buglosa,** ver **descripción de la planta.**
  - **VII.- Realizar con 10 gr.** de hojas y flores por litro de agua.

Formas de uso de plantas con la letra C

**** Para evitar problemas de caries,** se aconseja para edulcorar los distintos alimentos en lugar de Azúcar que es perjudicial y sin aporte vitamínico, utilizar cualquiera de los que se indican en el **apartado de Edulcorantes.**

- **Calaguala,** ver **descripción de la planta.**
  - **Formas de uso VII**
    - **Como agua de día:** agregar una porción de raíz previamente lavada, picadas y trituradas en un litro de agua. **Hervir hasta se reducir el líquido a la mitad,** colar y beber.
    - **Preparación de infusiones:** se debe de utilizar 20 gr. del rizoma o raíz en ½ litro de agua hirviendo, colar y beber.

- **Cálamo aromático,** ver **descripción de la planta.**
  - **VII.- Se prepara** con una cucharada de postre de raíces en remojo durante la noche en ¼ litro de agua fría. Al día siguiente se calienta al baño María y se cuela para beber tibia.
  - **IX.- Limpiar las raíces frescas** y licuar antes de que se sequen, beber lo que se desee.

- **Canchalagua,** ver **descripción de la planta.**
  - **Forma de uso VII**
    - **Se utiliza macerando** un puñado de la planta en agua fría durante varias horas, en ayunas tomar 1 cucharada grande. Es efectivo en menos tiempo de 3 a 5 al día.
    - **Como agua de día:** agregar una porción de raíz previamente lavada, picadas y trituradas por litro de agua. Hervir hasta que el líquido se reduzca a la mitad para beber.
    - **Preparación de infusiones:** usar 20 gr. del rizoma o raíz en ½ litro de agua hirviendo y beber.

- **Caña común,** VII.- **Realizar la decocción** con un pedazo de raíz triturada, alrededor de 50 gr. por litro de agua. Hervir 15 minutos, colar y **beber máximo de 2 a 4 tazas al día,** ver **descripción planta.**

- **Caña de azúcar,** IX.- **Hervir 30 gr.** de raíz de caña desmenuzada en ½ litro de agua durante 25 minutos, colar y utilizar, ver **descripción de la planta.**

- Cardencha, VII.- Para la infusión emplear una pequeña porción de raíces secas (unos de 10 gr.) y hervir en ½ litro de agua, filtrar, tomar a lo largo del día, ver **descripción de la planta.**

- Cardo bendito o Cardo santo, VII.- Hervir el equivalente a una taza de agua, verter de 1 a 2 cucharadas de postre de hierba seca. Dejar hirviendo 3 minutos más, reposar otros 3 minutos. Colar y beber, ver **descripción de la planta.**

- Cardo corredor, VII.- Pelar la raíz y hacer una infusión. **También** se puede rallar y añadir al final de la preparación de los platos, ver **descripción de la planta.**

- Carqueja, ver **descripción de la planta y de la Miel.**
- **Forma de uso VII**
    1. **Uso interno,** hervir 1 litro de agua, agregar cucharada de Carqueja dejar 15 minutos más. Reposar 5 minutos tapada, colar y beber **tibia dos tazas diarias** (en ayunas y antes de dormir), edulcorar al gusto preferiblemente con Miel **(mayores de 1 año).**
    2. **Uso externo,** la misma infusión para lavar acné, dermatitis, heridas, llagas y otras dolencias. Para aumentar su poder curativo aumentar la cantidad en la infusión a unos 60 o 70 gr. por litro de agua.

- Cebada, VII.- La decocción se realiza con cebada triturada (sémola) preferiblemente. Hervir entre 40 - 50 gr. según queramos densidad (con sémola menos cantidad), durante 10 minutos en 1 ½ litro de agua con una rama de Canela. Una vez empiece a hervir, poner a fuego lento hasta que quede 1 litro aprox. Colar y utilizar, **se puede beber como agua de día, incluso para los biberones de los bebés,** mezclado en zumo o directamente. La cebada que quede en el colador se puede aprovechar con yogures, ensaladas, papillas del bebé. **También la cebada** triturada cruda se puede añadir en cualquier guiso y cocinar a su vez, como aporte vitamínico, ver **descripciones de las plantas.**

- Centeno, ver **descripción de la planta.**
- **VII.- Cocer entre 50 y 60 gr.** de Centeno en grano (con sémola menos cantidad), por litro de agua, hasta que se reduzca a la mitad. Beber en pequeños sorbos a lo largo del día. **Continúa...**

...

- **VIII.- Lavar el Centeno 2 o 3 veces cambiando de agua** y dejarlo en remojo de 8 a 12 h. Cocer en agua en proporción de 1 parte de Centeno y 4 de agua a fuego medio durante 1 ½ hora. Añadir a ensaladas, arroces, guisos, etc.

- **Centinodia**, VII.- **Preparar con 35 gr.** de las partes aéreas secas por litro de agua, hervir 2 o 3 minutos, colar y beber 2 o 3 tazas al día, ver **descripción de la planta.**

- **Ciruelo / Pruno**, VIII.- **Para el estreñimiento habitual** mezclar bien 30 gr. de pulpa de ciruelas frescas, 10 gr. de bayas de Saúco, 5 gr. de Crémor tártaro y 5 gr. de hojas de Sen. Picar cuidadosamente y mezclar, unir a la mezcla tanta Miel **(en mayores de 1 año)** como se desee para obtener una pasta densa, conservar el preparado en un tarro de cristal. Tomar de 20 a 30 gr. diarios para regularizar el intestino, ver **descripciones de las plantas y de la Miel.**

- **Citronella o Caña de limón,** ver **descripción de la planta.**
  - **VII.- Para la** infusión agregar de 10 a 20 gr. de hojas frescas picadas en un litro de agua hervida. Reposar unos 15 minutos y filtrar. **Para consumo por vía oral,** colar la infusión a través de un paño o lienzo fino o de algodón, para eliminar gran parte de sílice, **mejor utilizar preparados.** Tomar de 500 a 700 ml al día en 2 o 3 dosis.

- **Clavo,** ver **descripción de la planta.**
  - **VII.- Hervir** 2 o 3 Clavos en una taza, reposar 10 minutos, para eliminar las flatulencias y caries.

- **Cola de caballo,** ver **descripción de la planta.**
  - **Forma de uso VII**
    - **Uso interno,** se prepara con 15 gr. de hojas secas, hervir en 1 litro de agua entre 2-5 minutos. Reposar, filtrar con un paño limpio y beber 4 tazas de 250 ml. al día.

Formas de uso de plantas con letras D - E

** **Para evitar problemas de caries,** se aconseja para edulcorar los distintos alimentos en lugar de Azúcar que es perjudicial y sin aporte vitamínico, utilizar cualquiera de los que se indican en el **apartado de Edulcorantes.**

- Diente de león, ver **descripción de la planta.**

- **VII.- Hervir las hojas y la raíz** de la planta, reposar, colar y tomar hasta 3 tazas al día. Para hacer una buena cura depurativa se recomienda mantener el **tratamiento con esta dosis entre 1 y 3 meses,** especialmente personas que sufran hipertensión, gota, retención de líquidos, problemas de piel.

- Erígero de Canadá, VII.- **Hervir** 2 minutos **una cucharada** de postre por taza, dejar a fuego lento 10 minutos más. **Tomar 3 o más tazas al día,** después de las comidas o utilizar en uso tópico, ver **descripción de la planta.**

- Escaramujo, ver **descripciones de las plantas.**

- **VII.- La infusión base** se realiza con una cucharada de corteza de Escaramujo, fresca o seca, para distintas dolencias con distintas hierbas a añadir.

****Para los distintos problemas de la piel** agregar una cucharada de alguna de las siguientes hierbas en un recipiente con dos tazas de agua hirviendo, agregar las hierbas y hervir entre 10-15 minutos más, reposar, colar y utilizar.

- **Con Mirtilo,** para la **piel seca, pálida y con falta de circulación,** mejora el riego sanguíneo y le da a la piel una tonalidad rosada y tersa, además de que la regenera y la hidrata.
- **Con Goji** desinflama y rejuvenece, buena en **casos de dermatitis, edemas** aplicada sobre la piel directamente o bebida.
- **Con Té verde,** regenera la **piel marchita, repara tejidos** envejecidos y desgastados.
- **Con cáscara de Naranja, Té blanco y gotas de Limón,** la piel marchita y enfermiza se repara rápidamente, el sistema digestivo se vigoriza, y los nutrientes se absorben mejor.

- **Esparraguera, VII.- Hervir 50 gr. de raíz** de Esparraguera en un litro de agua. Reposar y beber, ver **descripción de la planta.**

Formas de uso de plantas con letras F - G

** **Para evitar problemas de caries,** se aconseja para edulcorar los distintos alimentos en lugar de Azúcar que es perjudicial y sin aporte vitamínico, utilizar cualquiera de los que se indican en el **apartado de Edulcorantes.**

- **Fresal, VII.- Preparar la infusión** con dos cucharaditas de postre de hojas, para los enjuagues o cataplasmas, **sin edulcorar.** Para ingerir se debe beber 3veces al día. Las raíces se preparan con una cucharadita y se emplean del mismo modo, ver **descripción de la planta.**

- **Gatuña,** ver **descripción de la planta.**
  - **Formas de uso VII**
    - **La infusión normal** se realiza hirviendo ½ litro de agua, en ebullición verter 35 gr. de raíz cortada a pedacitos. Tapar y reposar, **se recomienda beber fría. Nunca recalentar** pierde sus propiedades medicinales, aromatizar con otras hierbas o edulcorar al gusto.
    - **La infusión para enjuagues o gargarismos** se prepara con 3 gr. de raíz, hervir durante 10 minutos con un vaso de agua y medio de Vinagre, utilizar **sin edulcorar.**

- **Gayuba,** ver **descripciones de las plantas.**
  - **Forma de uso VII**
    1. **Infecciones urinarias,** se combina sus hojas con otras plantas diuréticas y depurativas como, Cola de caballo, Abedul y Arenaria (Arenaria rubra). Cuatro cucharadas soperas rasas por litro de agua, hervir 2 minutos y reposar otros 10. Filtrar y **tomar en pequeñas dosis a lo largo del día** combinando con el consumo de fruta y verduras, alimentos que contribuyen a alcalinizar la orina. **Sin edulcorar y evitar comer dulces.**

- **Gordolobo, VII.- La infusión se realiza** con 3 o 4 gr. de la planta, beber de 3 a 4 tazas diarias al menos durante una semana, ver **descripción de la planta.**

- **Granado /Granada,** ver **descripciones de las plantas.**
  - **Formas de uso VIII**
    - **Consumir preferiblemente en ayunas,** aunque cueste extraer las semillas. Bastará con cortarla por la mitad y golpear la parte de la cáscara con una cuchara. También se puede cortar en cuatro cuartos para ir despegando las semillas con más facilidad.
    - **Se puede hacer zumo** con sus semillas o el comercializado, mejor edulcorar. Este zumo deja una sensación un poco áspera en la lengua, debido a los taninos, de propiedades astringentes. Se puede mezclar con el de Manzana, Naranja, Zanahoria, Jengibre con ellos **tiene múltiples propiedades.**

Formas de uso de plantas con la letra H

** **Para evitar problemas de caries,** se aconseja para edulcorar los distintos alimentos en lugar de Azúcar que es perjudicial y sin aporte vitamínico, utilizar cualquiera de los que se indican en el **apartado de Edulcorantes.**

- **Harpagofito, IV.- Realizar una decocción con la raíz** y aplicar sobre la zona afectada. **Es muy eficaz** la combinación simultánea de compresas en uso externo con la toma de cápsulas por vía oral, ver **descripción de la planta.**

- **Helecho común, VII.- Hervir una cucharada sopera** de hierba seca por vaso de agua 3 o 4 minutos, dependiendo de la presencia de partes duras como: troncos, raíces, cortezas o semillas, ver **descripción de la planta.**

- **Helecho polipodio, VII.- Utilizar 25 gr. de raíz** por cada ½ litro de agua. Hervir 5 minutos, colar y beber a pequeños sorbos a lo largo del día, ver **descripción de la planta.**

- Hierba callera, ver **descripción de la planta.**

- **VIII.- Como comestible** se puede preparar en puré, ensaladas y sopas. Sirven para resolver patologías como diarrea, hemorroides, favorece la eliminación de líquidos.

- Hierba de san Pedro, VII.- **La infusión con 60 gr.** por litro de agua. Hervir, filtrar, reposar unos minutos. **Beber 2 tazas diarias o realizar** gárgaras varias veces al día (no más de 4 veces) **sin edulcorar,** ver **descripción de la planta.**

- Higuera / Higos, ver **descripciones de las plantas.**

- **Formas de uso VII**

  - La infusión se prepara con ½ hoja de higuera calentada en agua, **que no llegue a hervir** 10 minutos. Reposar entre 20 y 30 minutos para que suelte sus propiedades. Guardar el líquido en una botella y conservar al natural. **Tibia para realizar** buches en encías inflamadas o preparar un té agregando Limón, Canela, o mezclar con otro Té.

  - Los higos como laxante se deben hervir durante 20 minutos 50 gr. de higos secos. **En ayunas** beber el líquido y comer los higos hervidos.

- Hinojo, ver **descripciones de las plantas.**

- **Formas de uso VII**

  - La infusión ingerida para las **diarreas,** realizar con hierba de Anís estrellado y Eneldo, edulcorar al gusto y beber.

  - La infusión ingerida se realiza hirviendo agua y en reposo añadir 2 cucharaditas de semillas de Hinojo machacadas un poco, reposar 10 minutos. Colar y beber ½ h. antes de cada comida.

  - La infusión en gargarismos realizada de Hinojo, Menta, Salvia y Valeriana, contra el **bloqueo de la garganta** causante de la apnea del sueño, **insomnio y ronquera, sin edulcorar.** La infusión de Hinojo **ayuda a estimular la secreción de leche** en las lactantes, **es una creencia popular, no científica.**

- Hortensia, VII.- **Para las distintas las dolencias,** hervir durante 20 minutos a fuego lento las raíces secas. Reposar, colar y **volver a hervir** de igual manera para beber, ver **descripción de la planta.**

Formas de uso de plantas con la letra L

**** Para evitar problemas de caries,** se aconseja para edulcorar los distintos alimentos en lugar de Azúcar que es perjudicial y sin aporte vitamínico, utilizar cualquiera de los que se indican en el **apartado de Edulcorantes.**

- **Liquen de Islandia,** ver **descripción de la planta.**
  - **Formas de uso VII**
    - **Infusión,** realizar con 15 gr. del tallo, añadidos a 1 litro de agua hervida, reposar 10 minutos, tomar como tónico aperitivo.
    - **Doble decocción,** se emplea para **eliminar las sustancias amargas** responsables de la acción aperitiva, hervir de 15 gr. del tallo en 1 litro de agua, durante 1 minuto, lavar posteriormente a conciencia. Volver a cocer con 1 ½ litro con otra agua durante ½ hora.

- **Llantén o Hierba estrella,** ver **descripción de la planta.**
  - **VII.- Hervir agua en una taza,** verter una cucharada de hojas verdes o secas, tapar y reposar 10 minutos, colar y beber. **En enjuagues** o gargarismos, **sin edulcorar.**

- **Llantén acuático,** ver **descripción de la planta.**
  - **Formas de uso VII**
    - **Decocción de la raíz,** de 50 a 150 gr. por litro de agua.
    - **Infusión de hojas secas,** de 10 a 30 gr. por litro de agua. Beber de 100 a 200 ml, tres o cuatro veces al día.

- **Lúpulo,** ver **descripción de la planta.**
  - **Formas de uso VII**
    - **La infusión con 25 gr.** de flores en un litro de agua. Hervir durante 10 minutos. Colar y **beber hasta 3 veces al día.**
    - **La infusión del grano,** hervir 15 gr. en ½ litro de agua. Beber **una taza en ayunas.**

Formas de uso de plantas con letras M - N

**** Para evitar problemas de caries,** se aconseja para edulcorar los distintos alimentos en lugar de Azúcar que es perjudicial y sin aporte vitamínico, utilizar cualquiera de los que se indican en el **apartado de Edulcorantes.**

- **Mahonia,** ver **descripción de la planta.**
  - **Formas de uso VII**
    - **Infusión,** mezclar ¼ de tazón de agua hirviendo con una cucharadita de raíz seca y picada. Hervir tapada 10 minutos, colar y **beber tibia.** También **en gargarismos o enjuagues.**
    - **Batidos,** añadir de media a una cucharadita (entre 2 y 5 gr.) de raíz seca en polvo al resto de ingredientes antes de realizar cualquier batido.

- **Malvarrosa o Malva Real,** ver **descripción de la planta.**
  - **Formas de uso VII**
    1. **Se realiza** con un puñadito de hojas y flores mezcladas en un litro de agua. **Tomar 3 o 4 tazas al día.**

- **Musgo de agua,** ver **descripción de la planta.**
  - **VII.- La infusión** se puede preparar con 30 gr. en ½ litro de agua, hervir 30 minutos, reposar, colar, y beber.

- **Nevadilla,** ver **descripción de la planta.**
  - **IV.- Para emplastos** machacar la planta fresca, colocar en un paño o venda sobre la zona afectada. Hay que **repetir este proceso varias vece**s para lograr los efectos curativos.
  - **VII.- Preparar con 30 gr.** de planta por litro de agua hirviendo unos minutos, filtrar y beber. **También en uso tópico.**

- **Nogal,** VII.- **Hervir agua** y agregar hojas, dejar hervir 1 minuto más. Reposar 5 minutos y beber de 2 a 3 tazas al día. **También** en uso tópico, **sin edulcorar,** ver **descripción de la planta.**

Formas de uso de plantas con la letra O

**** Para evitar problemas de caries,** se aconseja para edulcorar los distintos alimentos en lugar de Azúcar que es perjudicial y sin aporte vitamínico, utilizar cualquiera de los que se indican en el **apartado de Edulcorantes.**

- Orégano, ver **descripción de la planta.**

- **IV.- Para las compresas o apósitos,** hervir 10 minutos 50 gr. hierba por litro de agua.
- **Formas de uso VII**

  - La infusión ingerida, realizar con una cucharada de postre por taza. Hervir 10 minutos, colar y beber 3 veces al día, **antes o después de las comidas.**

  - Para uso tópico, hervir durante 10 minutos 50 gr. por litro de agua, y utilizar como lociones, gargarismos o colutorios (enjuagues), **sin edulcorar.**

- Ortiga, VII.- **No usar las hojas viejas (son muy irritantes).** Secar la planta a la sombra, bien ventilada y extendida. Secas dejan de ser urticantes, guardar sólo las hojas, se pueden triturar para almacenar para consumir cuando se prefiera. **Realizar** la infusión en 1 litro de agua con dos cucharadas de hojas secas. Colar y beber antes de cada comida. También se puede realizar una decocción de la raíz seca durante 10 minutos, reposar, colar y beber tres tazas al día, ver **descripción de la planta.**

- Ortiga muerta, ver **descripciones de las plantas.**

- **Formas de uso VII**

  - **La infusión se realiza** con 2 cucharaditas de hojas, flores o raíces por separado o conjuntamente en 250 ml. de agua. Hervir, reposar 5 minutos, colar y beber **una taza de 2 a 3 veces** al día. **Sin edulcorar** en caso de enjuagues o gargarismos.

  - **En uso tópico** la infusión de las flores y puntas floridas mediante lavados es beneficiosa para curar hemorragias al ser un buen **coagulante** para **las heridas. También** el utilizar los polvos sobre ellas (3 gr. al día de flores secas, con Miel, sobre la parte afectada). **Continúa...**

- **VIII.- Puede emplearse** de muchas maneras en la cocina, en sopa y caldos, preparadas como espinacas y otras verduras. Hervidas trituradas con Ajo y aceite, bien machacadas, para un arroz color verde brillante (vegetariano). Junto al puñado de hierbas aromáticas, en asados, estofados, platos de caza. Contiene sales minerales como sodio, nitratos de calcio y potasio, también manganeso, azufre y cloro.

Formas de uso de plantas con la letra P

** **Para evitar problemas de caries,** se aconseja para edulcorar los distintos alimentos en lugar de Azúcar que es perjudicial y sin aporte vitamínico, utilizar cualquiera de los que se indican en el **apartado de Edulcorantes.**

- **Parietaria,** ver **descripción de la planta.**
  - **Formas de uso VII**
    - **Infusión,** hervir 25 gr. por litro de agua durante 10 minutos. Colar y **beber tres o más tazas al día,** preferiblemente después de las comidas. **También aplicada en uso tópico,** en forma de lavados o compresas.
    - **Jugo de la planta fresca:** 25 a 100 gr, beber una o varias veces al día.

- **Polen,** ver **descripción del Polen.**
  - **Formas de utilización y consumo VIII**
    - **Cómo medir las dosis de polen seco a ingerir:
      - 1 cucharadita de café rasa = 5 gr.
      - 1 cucharadita de café colmada = 8 gr.
      - 1 cucharada de postre rasa = 10 gr.
      - 1 cucharada de postre colmada = 15 gr.
      - 1 cucharada de sopera rasa = 15 gr.
      - 1 cucharada de sopera colmada = 25 gr.

Se recomienda tomar polen durante 20 días y descansar 10 días, y continuar para la recuperación de la salud y vigor.
  1. **Adultos,** 4 cucharaditas de café colmadas (32 gr). Para mantenimiento utilizar 2 cucharadita de postre rasas (20 gr.)

Continúa...

...

2. **Niños entre 3 y 5 años,** un poco menos de una cucharada de postre colmada (12 gr.)
3. **Niños entre 6 y 12 años,** poco más de una cucharada sopera rasa (16 gr.)
4. **Niños mayores de 12 años,** utilizar dos cucharadas de postre rasas (20 gr.).

- Potentilla tormentila, ver **descripciones de las plantas.**

- **Forma de uso VII.- La infusión,** se prepara al verter 10 gr. de rizoma triturado en ½ litro de agua hirviendo. Colar y **beber en 2 veces,** en la comida y cena.

Formas de uso de plantas con la letra R

**** Para evitar problemas de caries,** se aconseja para edulcorar los distintos alimentos en lugar de Azúcar que es perjudicial y sin aporte vitamínico, utilizar cualquiera de los que se indican en el **apartado de Edulcorantes.**

- Rábano rusticano, ver **descripción de la planta.**

- **IV.- Para realizar una cataplasma,** rallar y envolver en una gasa fina, aplicar sobre la piel hasta que se presente una sensación de calidez, **no colocar más de 10 minutos, contiene sustancias irritantes.** El producto que se vende es Nasturtium-rábano picante, seguir indicaciones.
- **VII.- Se recomienda de 3 a 5 gr.** de la raíz recién rallada, tomar tres veces diarias, o en infusión de 2 a 3 ml. **Se vende** el Nasturtium-rábano picante, **seguir indicaciones** del fabricante o especialista.

- Romero, ver **descripciones de las plantas.**

- **Forma de uso VII**
1. **Infusión para ingerir,** poner una cucharadita de postre con hojas y flores en una taza con agua hirviendo. Hervir 10 minutos, **beber 3 tazas al día antes o después comer.**

Continúa...

...

****Forma más compleja y potenciada de la infusión para ingerir. Se recomienda guardar en recipientes separados y debidamente etiquetados,** ver **descripciones de las plantas.**

- **Por la mañana,** beber la infusión de Romero, Cola de caballo y Boldo a partes iguales y guardadas en un recipiente hermético y en un lugar sin luz. Al hervir echar una cucharada de postre llena con la mezcla, reposar 5 minutos y beber.
- **Después de las comidas,** se recomienda beber una infusión de Cola de caballo, Diente de león, semillas de Anís y flores de Manzanilla. Estas hierbas deberán estar mezcladas y guardadas de forma ya indicada, en recipiente sellado y protegidas de la luz, se prepara de la misma manera que la receta anterior.
- **Por la noche,** se recomienda una infusión de Cola de caballo, Tila, Muérdago, Espino albar y flores de Manzanilla, seguir las mismas indicaciones anteriores.

- Rubia, ver **descripción de la planta.**

- **VII.- Calentar 200 ml** de agua, sin llegar a la ebullición, verter 20 gr. de las raíces secas, mantener al fuego lento 2 - 3 horas. Colar y **beber 3 veces al día** (en las comidas).

Formas de uso de plantas con las letras S - T

**** Para evitar problemas de caries,** se aconseja para edulcorar los distintos alimentos en lugar de Azúcar que es perjudicial y sin aporte vitamínico, utilizar cualquiera de los que se indican en el **apartado de Edulcorantes.**

- Sangre de Drago, ver **descripciones de las plantas.**

- **Formas de uso VI**
  - Uso interno, lo habitual es administrar entre 10-15 gotas de una a tres veces al día, preferiblemente media hora antes de las comidas. En caso de **dispepsias hiper secretoras actuar con mucha precaución, es conveniente consultar con el médico o especialista.**

Continúa...

...

- **Uso externo,** con unas gotas de su látex aplicar y una vez extendido cubrir la zona tratada. Dejar secar y renovar la aplicación de 2 a 4 veces al día. En Perú se diluye el polvo de la resina en una infusión de Llantén y se aplica de forma tópica para lavados, compresas, irrigaciones vaginales, enemas, colutorios o gargarismos.

- Sanguinaria del Canadá, ver descripción de la planta.

- **Formas de uso VII**

  - **Colocar en una taza** con agua hirviendo unas hojas de Sanguinaria. **beber caliente.**
  - **Con 20 gr. de** Sanguinaria en 1 litro de agua. Tomar una taza de tisana **tres veces al día, beber caliente.**

- Saponaria, IV.- Utilizar un puñado de hojas frescas, lavar, escurrir

y machacar ligeramente. Extender en una gasa o paño de tela **como cataplasma y aplicar,** ver **descripción de la planta.**

- Serbal, ver descripción de la planta.

- **Formas de uso VII**

  1. **La cocción** se realiza en un vaso de agua hervida, verter 1 cuchara de los frutos secos, mantener 10 minutos a fuego lento, colar y **beber 50 ml 3 veces al día.** Utilizado **en uso tópico, sin edulcorar.**

- Tamarindo, ver descripción de la planta.

- **Formas de uso VII**

  - **La infusión se realiza** con 10 gramos de pulpa por ½ litro de agua. Hervir el agua, agregar la pulpa y dejar hirviendo 10 minutos. Apagar, reposar y **beber en ayunas tibio.**

- Trigo sarraceno o Alforfón, ver descripciones de las plantas.

*** Una** de las mayores **ventajas del Trigo sarraceno** es que **se hace muy rápido,** más que otros cereales como el Arroz o el Mijo. Tarda aproximadamente 15 minutos a fuego lento sin perder propiedades. **Ideal para utilizar a menudo.**

Continúa...

...
- **Formas de consumo VIII**
  - **Ensaladas,** en verano, una buena forma de tomar cereales y legumbres. El trigo Sarraceno combina bien con cualquier vegetal crudo en ensalada de Brócoli, Tomate, Lechuga, Calabacín, etc.).
  - **Potaje,** en invierno, en cambio, podemos tomar **Trigo sarraceno** en forma de potaje y 20 minutos antes de retirar del fuego, patatas y el **trigo sarraceno.** Con Lentejas, (las lentejas tardan máximo 5 minutos en ablandarse).
  - **Purés y cremas,** tanto en invierno (puré) como en verano (crema fría) se puede cocer unas legumbres, algunas verduras y **Trigo sarraceno.** Por ejemplo, hacer un rico puré con alubias Azúkis, Trigo sarraceno y Col.

- Tusilago o Fárfara, ver **descripción de la planta.**
  - **VII.- La infusión se realiza** con una cucharada de postre por taza de agua. Verter el agua hirviendo sobre las hojas o flores. Reposar durante 3 minutos, colar, beber o utilizar para lavados, gargarismos o enjuagues.

Descripciones de plantas con la letra A

- Abedul, (Birch or Silver birch, in english)
"Betula pendula", se puede encontrar en casi todo el norte de España, corteza color blanco, parecido al plateado, puede alcanzar 30 metros de altura. Se utiliza casi en su totalidad: hojas, flores, la savia, las yemas y la corteza de las ramas jóvenes. Existe aceite esencial, **no ingerir, es muy tóxico y puede causar la muerte. No usar externamente sin diluir, seguir indicaciones del especialista.** Se utilizan los brotes del árbol, la corteza en infusión. **Contraindicado durante el embarazo durante la lactancia. Personas con hidropesía de origen cardíaco o renal, alérgicas o hipertensas, sin consentimiento médico.**

- Abrótano macho,
(Southern wormwood or Male wormwood, in english)

"Artemisia abrotanum", planta originaria del sur de Europa, en especial de Italia y España. Suele cultivarse en huertos y jardines. Se utilizan las sumidades floridas y los tallos con hojas, para los fines terapéuticos. En **uso tópico** puede provocar **dermatitis por contacto.** El aceite esencial, **en uso interno,** está **contraindicado en embarazadas (abortivo), lactantes, menores de 6 años**

- Acedera, (Sorrel, in english)

"Rumex acetosa", originaria de Europa, también llamada Kej acedera, o vinagrera, muy conocida por sus usos culinarios. Crece en prados con humedades medias y altas, en suelos ricos en hierro. En la Península se encuentra por toda la zona norte. **Contraindicado en personas con problemas de riñón, cálculos renales, enfermedad de Crohn, colon irritable y colitis.**

- Aceite de oliva, (Olive oil, in English)

"Olea europeae", los indicios del olivo en las costas mediterráneas españolas coinciden con el dominio romano, los árabes impulsaron su cultivo en Andalucía. Su fruto tiene múltiples beneficios para el cuerpo humano. **El excesivo consumo en crudo puede tener efectos laxantes. Es una grasa monoinsaturada, no conviene abusar, al fin y al cabo, es una grasa.**

- Acelga, (Chard, in english)

"Beta vulgaris var. Cicla", hortaliza de hoja verde con propiedades nutricionales muy beneficiosas, originaria del Mediterráneo, su cultivo hoy en día se ha extendido por todo el mundo. Consumiéndolas frescas en ensaladas, batidos verdes, rollitos, etc., se aprovechan al máximo sus propiedades nutricionales. **No consumir en exceso personas con:** cálculos renales. **Contraindicada en personas con problemas estomacales o diarreas.**

- Acerola, (West Indian cherry, in english)

"Malpighia emarginata", fruto de un árbol de Sudamérica, Centroamérica, y el Caribe y conocido como Azorolo, se cultiva de forma masiva en Vietnam y Brasil. Tiene tantas virtudes beneficiosas para la salud, que podríamos decir que es un nutricéutico. **Las embarazadas no** deben ingerir cantidades superiores a los 5 gr. ...

...

diarios ya que **el bebé** puede hacerse dependiente y **desarrollar síntomas de deficiencia tras el nacimiento.**

- Aciano, (Cornflower, in english)

"Centaurea cyanus", originaria de la cuenca Mediterránea, entre las plantas medicinales más destacadas en el botiquín natural debe encontrarse sin duda el aciano. En floración, se recogen las hojas y flores que se desecan al aire libre, pero solo los pétalos periféricos azules. **Las personas con medicación de manera permanente, antes de utilizar, consultar con su médico o especialista.**

- Agar, (Agar or Agar Agar, in english)

"Gelidium cartilagineum, Gelidium capense", llambién llamado Agar Agar, es un polvo obtenido de las algas de los géneros Gelidium, Euchema y Gracilaria. Con él se elabora una gelatina vegetal para consumir directamente o espesante alimentario. **Causa deshidratación si simultáneamente se bebe alcohol. Puede ser causa de:** flatulencias, meteorismo, interferir con la absorción de medicamentos nutricionales y vitamínicos. **Contraindicada** en casos de **hipertiroidismo.**

- Agave tequilana, (Blue agave or Tequila agave, in english)

"Agave tequilana", originario de Mesoamérica, *se* emplea en la elaboración del tequila, pero es utilizado por sus propiedades medicinales para uso externo, como interno, mediante infusiones de las hojas. Con esta planta se elabora un sirope que sirve como edulcorante, siendo hipogluciente. Si hay **reacciones alérgicas** como dificultad al respirar, erupción, hinchazón de labios o lengua, **buscar atención médica urgente. Puede ejercer problemas de:** diarreas y malestar estomacal. **Contraindicada durante el embarazo, y lactancia.**

- Agracejo, (Barberry, in english)

"Berberis vulgaris", arbusto originario de Europa central y la cuenca Mediterránea. Se utiliza la corteza de la raíz, bayas y en menor medida las hojas. Se puede consumir en forma de jarabe o en infusión.   **Continúa...**

...

Puede producir: diarreas y malestar estomacal. **Contraindicado en personas con infecciones renales, hepáticas, embarazadas (abortivo), lactantes.**

- Agripalma, (Motherwort, in english)

"Leonorus cardiaca", originaria de Asia y Norte América, rara la cuenca Mediterránea. **En grandes cantidades, conduce a:** sed inapagable, dolores de vientre, heces con sangre y vómitos. Vigilar interacción con tratamientos digitálicos, laxantes o diuréticos. **Contraindicada en embarazadas, menores de 2 años.**

- Agua, (Water, in english)

El 70% del cuerpo humano es agua, por lo tanto, es casi imposible que el agua no tenga algún beneficio como remedio natural, aparte de apagar la sed.

- Aguileña, (European columbine, in english)

"Aquilegia vulgaris", originaria de las zonas templadas Europa y Asia. Sus componentes activos son la vitamina C, lípidos, glucósido, cianogenético, enzima. Flor muy parecida al Rapónchigo. Se emplean las raíces, hojas, flores y semillas. **En uso interno, bajo prescripción médica. En uso externo, solo en preparados específicos.**

- Ajedrea o Hisopillo, (Summer savory, in english)

"Satureja hortensis", planta originaria de Eurasia, con fines medicinales se utilizan los tallos, las hojas y las flores secas. Muy usada en la cocina búlgara y rumana especialmente para su plato típico, el "Sarmale". **La esencia** de esta planta puede resultar **muy reactiva** en algunas personas y **existe** un ligero **riesgo de provocar alergias. Especial cuidado en los niños. Contraindicada durante el embarazo y durante la lactancia.**

- Ajenuz, (Black cumin, in english)

"Nigella sativa", nativa del sureste de Asia, aunque se ha introducido en otras regiones. En España se le puede encontrar como planta de ornato en invernaderos y algunas casas. **Es venenoso y mortal ingerirlo en grandes cantidades.** Para uso terapéutico se emplea las semillas, en polvo; en licuación para enjuagues o en infusión. **Contraindicado en menores de 6 años.**

- Ajo, (Garlic, in english)

"Allium sativum", probablemente de origen asiático, se cultiva desde hace más de 7.000 años. Alimento de alto valor nutritivo. Reduce significativamente la toxicidad de plomo y los síntomas asociados. Consumidos envasados a la salmuera, de venta en Hipermercados o Herbolarios, no provoca halitosis y su ingesta no es molesta. **Puede causar:** acidez estomacal, flatulencias o gases, eructos, vómitos o diarrea. **Evitar con alimentos o suplementos anticoagulantes como:** el aceite de onagra, pomelo o sauce. Antes o después de una operación de cirugía, al disminuir la cicatrización de las heridas. **El exceso de consumo puede dar**: problemas en los diabéticos. De sangrado o anticoagulación excesiva. **Precaución puede interactuar con medicamentos:** como anticoagulantes, fármacos para el corazón, hipertensión, anticonceptivos, corticoides, para el colesterol. **Se recomienda no tomar más de 2 dientes** de ajo crudo en ayunas al día a personas con tensión alta como baja. **Contraindicado en embarazadas, lactantes, menores de 3 años durante la menstruación, personas con hipertiroidismo.**

- Ajo negro, (Black garlic, in english)

El ajo negro es un ajo que ha sido sometido a un proceso de **fermentación natural** obtenida con una ligera humedad, una temperatura aproximada de 35ºC, y un tiempo prolongado de hasta 30 días. Una vez madurados se deja secar en cámaras sin humedad otros 45 días, tiempo en el que se produce el cambio de color, que nada tiene que ver con los del ajo normal crudo, este es de cierto **sabor dulzón muy complicado de describir.** Potencia y aumenta los nutrientes del ajo normal obteniendo más beneficios.

- Álamo negro o Chopo, (Black poplar, in english)

"Populus nigra", originario de Europa, muy común en España formando Choperas o Alamedas. Árbol que en primavera sus semillas son una gran fuente de alergias. Se recomienda que la recolección se haga de ramas que se hayan desprendido o de árboles muertos. **No consumir durante el embarazo y lactancia materna por precaución alérgica. Útil para:** Diarrea, Digestión, Diurético, Fiebre, Heridas, Hígado, Tos

- **Albahaca,** (Basil, in english)

"Ocimum basilicum", originaria de la India, planta medicinal y aromática anual que se puede plantar en casa, es efectiva contra los mosquitos. Se utilizan las hojas en infusión para las dolencias a remediar, tanto en uso interno como tópico. **No se recomienda** durante un **periodo prolongado** de tiempo o en **dosis mayores** a las recomendadas, debido a su posible efecto carcinogénico. **Como efectos secundarios se citan:** sus propiedades sedantes y anticoagulantes. **Contraindicado el aceite esencial durante el embarazo (puede tener efectos carcinogénicos sobre el feto), y en menores de 6 años.**

- **Albaricoque,** (Apricot or Armenian plum, in english)

"Prunus armeniaca", también llamado Damasco, árbol originario de China, se le da nombres distintos en diferentes lugares del mundo. Los frutos conocidos como Albaricoque, se usa como remedio a diversas dolencias por sus contenidos nutricionales. Según investigadores de la Universidad de Harvard, las semillas son valoradas como **un alimento tónico para el sistema respiratorio y el sistema inmunológico,** condiciones preventivas de la enfermedad. **El consumo exagerado** y desmedido **de las semillas,** al poseer **altos niveles de cianuro** puede ser **tóxico y perjudicial** para su salud. **Consumir las semillas solo bajo control profesional.**

- **Alcachofa,** (Artichoke, in english)

Se llama al fruto de la planta "Cynara scolymus", originaria del Mediterráneo occidental. Es una de las fuentes vegetales más ricas en calcio, hierro, magnesio y potasio. También contiene fibra y cinarina. Se puede encontrar en cápsulas y extractos. **Puede causar:** flatulencias y alergias. **Consultar al médico:** los propensos a cálculos biliares. **Consumir con moderación** los hipertensos. **Contraindicado durante el embarazo y lactancia.**

- **Alcachofera,** (Artichoke plant, in english)

"Cynara scolymus", planta originaria del Mediterráneo occidental, con muchos beneficios y propiedades desintoxicantes, diuréticas y depurativas. Se utiliza para usos medicinales las hojas de la roseta de la base en infusión. **Contraindicada en personas propensas a cálculos en la vesícula o renales, durante el embarazo y la lactancia.**

- Alcaparra, (Caper or Caper bush, in english)

"Capparis spinosa", son flores sin abrir (en capullo) de un arbusto originario de Asia, muy usadas gastronómicamente en la zona mediterránea. Se presenta habitualmente en salmuera, **se recomienda un consumo moderado**. Para fines terapéuticos son de interés la corteza, raíces, los capullos (alcaparras). **Precaución personas:** diabéticas (por interacción con medicamentos para reducir el azúcar en la sangre), hipotensos y personas que ingieran diuréticos. **Contraindicado su consumo por embarazadas y lactantes.**

- Alerce, (Patagonian cypress tree, in english)

"Fitzroya cupressoides", originario del cono sur de América, árbol milenario y de los más antiguos del planeta. De madera liviana, resistente a la pudrición y de color castaño o pardo rojizo. Las propiedades medicinales son obtenidas de la corteza interior del tronco para curar dolencias tanto internas como externas. **Utilizar solo bajo prescripción médica.**

- Alfalfa, (Lucerne plant, in english)

"Medicago sativa", originaria de Persia, probablemente fue adoptada para el uso por parte del humano durante la Edad de Bronce como alimento para los caballos procedentes de Asia central. Según Plinio el Viejo, se introdujo en Grecia alrededor del 490 a.n.e., Hierba con grandes propiedades nutricionales y medicinales, contiene más del doble de proteínas, cuatro veces más de calcio y dos veces más hierro que la mayoría de los vegetales. Cuatro veces más vitamina A, tres veces más de complejo vitamínico B y nueve veces más de vitamina E, y un alto porcentaje de vitamina K. **No consumir en exceso.** Como **efectos secundarios**, al ser rica en fibra y proteínas, **puede causar**: malestar estomacal, gases o flatulencias e incluso diarreas. **Contraindicado consumir cápsulas o suplementos de alfalfa, las embarazadas (abortivos), ni lactantes. No consumir de cualquier forma los menores de 6 años y personas con hipoglucemia.**

- Alfilerillo, (Redstem filaree, in english)

"Erodium cicutarium", también conocido como Alfilerillo de pastor, originario de Europa e introducida en Norteamérica en el siglo XVII, siendo una planta invasiva. Existe en tinturas, extracto fluido y polvo. De gran eficacia para la depuración de la sangre y hemostática, se suele tomar en infusiones. **En dosis elevadas es algo narcótico, laxante y purgante.**

- Algarroba, (Carob tree, in english)

"Ceratonia siliqua", de origen europeo, especie de gran rusticidad y resistencia a la sequía. Se consume su fruto, se encuentra en vainas, en polvo o harina, para rebozar alimentos, obtenemos hidratos de carbono, vitaminas A, B, ácido fólico, C, E, y minerales y fibra. Para la realización de bizcochos ideal para los diabéticos y menores al ser un poco dulzón. **Puede** producir **estreñimiento.** Los **diabéticos** deben **consultar a su médico** para reajustar en caso necesario la dosis.

- Alholva, (Fenugreek, in english)

"Trigonella foenum-graecum", originaria del sudoeste asiático. **Sus beneficios abarcan toda la gama de patologías desde aplicaciones externas a internas,** se encuentra en pleno estudio por parte de la ciencia, ya que parece tener infinidad de aplicaciones sobre la salud. **Más de 100 gr. al día puede causar:** diarrea y náuseas. **Puede interactuar con:** medicamentos hipoglucémicos y causar una disminución en los niveles del azúcar en la sangre muy por debajo de los niveles seguros para los pacientes diabéticos. **Contraindicado para embarazadas (puede provocar una caída en sus niveles del azúcar en la sangre, temblores, sensación de hambre y sudoración excesiva).**

- Aliaria o Alliaria, (Hedge garlic or Garlic mustard, in english)

"Alliaria petiolata", de origen Euroasiático, despide un fuerte olor a ajo. No es muy utilizada como infusión ingerida, pero si en lavados y limpieza por sus propiedades antisépticas (destruye los gérmenes o evita su desarrollo, desinfecta heridas y limpia ciertos órganos). **No se conocen** contraindicaciones, se **recomienda consultar** al especialista.

- Almendro, (Almond, in english)

"Prunus dulcis", originario de Europa del Este y sur de Asia, su fruto, la almendra se utiliza en la cocina o como fruto seco, **en exceso puede ocasionar pequeños cuadros de diarreas.** Las almendras tienen por principio activo el ácido cianhídrico, **es uno de los venenos más rápidos y enérgicos que se conocen,** que se forma al contacto con el agua. De la almendra se extrae un aceite esencial, el fruto y el aceite se utilizan en los tratamientos.

- Aloe vera, (Aloe vera, in english)

"Aloe arborescens", también llamada Sabila, es de las aplicaciones farmacéuticas más antiguamente registrada, se encuentra en una tablilla sumeria de arcilla, y dibujos de la planta en las paredes de templos egipcios. Originario del norte de África. Sus hojas carnosas son utilizadas para el tratamiento de muchos problemas de salud, se recomienda especialmente para problemas de la piel, en cataplasma. De las hojas se obtienen dos compuestos, gel y zumo. **Especial cuidado con su gel si se ingiere.** Existen preparados de zumos. **Contraindicado los zumos en embarazadas (abortivo), lactantes, menores de 12 años, pacientes de intestino irritable, colitis, enfermedad de Crohn, hemorroides, diabéticos.**

- Alpiste, (Canary seed, in english)

"Phalaris canariensis", la planta originaria de la cuenca del Mediterráneo, la semilla siempre ha sido considerada alimento de pájaros, aunque tiene diferentes beneficios y propiedades. Según estudios seis cucharadas de alpiste poseen más proteínas que 2 kg de carne. Algunas de las propiedades del alpiste son sus ácidos grasos omega 3 y omega 9, las vitaminas B, E, minerales como calcio, magnesio, manganeso y zinc. La mejor forma de ingerir es la infusión, también se encuentra en extractos, seco y fluido. **Utilizar solo alpiste libre de sílice, existe en tiendas especializadas.**

- Alquequenje, (Physalis or Strawberry ground cherry, in english)

"Physalis alkekengi", herbácea originaria de Japón y China, los frutos son de sabor amargo, se pueden consumir en ensaladas o frescos. Con fines medicinales se utilizan los frutos más maduros. **En dosis excesivas puede producir:** acidez o pesadez de estómago, incluso algo de estreñimiento.

- Amaranto, (Amaranth, in english)

"Amaranthus", también conocido como Ataco, especie americana de Norte a Sur. Posee una flor que nunca se marchita, se cultiva y utiliza desde hace aproximadamente 5.000 años. **No posee gluten,** siendo un alimento apto para celíacos. **Contraindicada por su alto contenido en ácido oxálico, en enfermos renales, gota o artritis reumatoide.**

- Ambay, (Cecropia, in english)

"Cecropia adenopus", originario de América del sur en sus zonas selváticas. Se utilizan sus hojas y corteza en infusión. En uso tópico, no endulzar. Utilizado con fines curativos por los aborígenes desde México hasta la región nordeste de la Argentina, continúa siendo un remedio de uso habitual en la medicina popular de centro y sur de América. **Contraindicado en embarazadas y lactantes.**

- Amor de hortelano, (Cleavers, in english)

"Galium aparine", planta originaria de Europa y Norteamérica, crece en zonas templadas de manera silvestre es muy característica y reconocible, está cubiertas de pequeños espolones, que hacen que se adhiera como el velcro a la ropa o al vello, sus flores son blancas o verdes, carece de cáliz, con cuatro estambres y pétalos soldados a la base. Tradicionalmente se ha utilizado para coagular la leche y para tratar la Epilepsia. **Utilizar bajo control médico por problemas de alergias. Contraindicado en embarazadas, lactantes y menores de 2 años.**

- Anacahuita, (Anacahuita, Wild olive or White cordia, in english)

"Cordia boissieri", planta de origen chileno, no necesita riego, por lo que resiste heladas y sequías, crece casi cinco metros de alto. Altamente recomendada para curar las afecciones respiratorias. **No se conocen** contraindicaciones, se **recomienda consultar** con el médico o especialista.

- Ananá o Piña tropical, (Pineapple, in english)

"Ananas comosus", en muchos lugares de Latinoamérica el Ananá es conocido como piña, fruta tropical muy popular por su especialidad en quitar la sed. Contiene sólo 55 calorías por cada 100 gramos y su alto porcentaje de carbohidratos mejora la energía de las personas. Sus contenidos en grasa, proteínas y sodio son casi nulos, ...

...

mejorando el metabolismo y la eliminación de excesos en el cuerpo. Minerales como el Potasio, Magnesio y Cobre o vitaminas del complejo B se suman al apoyo para adelgazar. **No recomendable** en episodios de **diarrea,** personas en **tratamiento diurético. Los menores no consumir en exceso.**

- Angélica, (Garden angelica or Wild celery, in english)

"Angelica archangelica", también llamado Apio silvestre, es originaria del norte de Europa y Siria. Sus hojas son usadas para aromatizar compotas de fruta, confituras, caldos y licores. Las hojas y tallos frescos son usados en sopas y ensaladas. **Evitar exposición al sol en su tratamiento. Contraindicado su aceite esencial por vía interna durante el embarazo, la lactancia, menores de 6 años, pacientes con Epilepsia, Parkinson u otras enfermedades neurológicas. No se recomienda en ninguna forma a embarazadas, en lactancia, diabéticos.**

- Anís (no estrellado), (Anise or Anissed, in english)

"Pimpinella anisum", originario de Asia sudoccidental y la cuenca del Mediterráneo oriental, una de las primeras plantas medicinales en la historia. Se puede destacar sus propiedades como expectorante y carminativo. Conocido como matalahúva o matalahúga. **El consumo excesivo del anís puede resultar tóxico.**

- Anís estrellado, (Star anise or Badiane, in english)

"Illicium verum", también llamado Badiana, árbol perenne originario de China y Vietnam, uno de los ingredientes usados en hacer el caldo para la sopa de tallarines vietnamita llamada Pho. Los frutos, que presentan forma de estrella, se cosechan momentos antes de la maduración. **Contraindicado durante el embarazo o la lactancia, menores de 2 años, personas en proceso de deshabituación etílica.**

- Antennaria o Pie de gato, (Mountain everlasting, in english)

"Antennaria dioica", extendida por toda Europa a excepción de Portugal, Grecia y Turquía, se utiliza toda la planta y hierba de flores rosadas (femeninas). Sirve como desinfectante de uso externo y para desinfectar si se estuvo en contacto con personas enfermas o en áreas con bacterias, macerar 1 litro de alcohol de 60º, con 40 gr. de flores, durante 20 días. ... **Continúa...**

...

Colar y usar solo esparciendo ... en la zona para que absorba las veces que sea necesario. **No se conocen** contraindicaciones, se **recomienda consultar** con el médico o especialista.

- Apio, (Celery, in english)

"Apium graveolens", originario de la cuenca mediterránea, planta de consumo bastante conocido, se puede ingerir crudo, cocido o en jugo. **Contraindicado en embarazadas (abortivo).**

- Apocino del Canadá, (Dogbane or Hemp dogbane, in english)

"Apocynum cannabinum", crece en América del Norte (Estados Unidos y Canadá), en bordes de caminos, de ríos y cursos de agua, sobre terrenos arenosos o con grava. Planta venenosa para los perros. Se utiliza el rizoma. **Dosis excesivas produce vómitos, es purgante e irritante.**

- Arazá o Guayabo, (Araza or Eugenia stipitata, in english)

"Eugenia stipitata", árbol pequeño con un delicioso fruto poco conocido, se consume frescos, en jalea o en mermelada, de gran contenido en Vitamina C, ideal para combatir el escorbuto y la disentería. En América Central se viene empleando desde tiempo inmemorial las hojas y la corteza de las raíces. **No se conocen** contraindicaciones, se **recomienda consultar** con el médico o especialista.

- Árbol de Tilo, (Lageleaf linden or Large-leaved linden, in english)

"Tilia platyphyllos", crece en Europa, Asia y América y raro en regiones frías y húmedas del hemisferio norte, en Rusia forman grandes extensiones forestales. Es una de las plantas más importantes, se utiliza fundamentalmente como infusión, las flores y las brácteas secas, la corteza y la albura (parte blanca de debajo de la corteza del árbol). **Ver Tila,** con quien comparten remedios. Es buen antídoto en caso de ingerir sustancias tóxicas. **Consultar con el médico o especialista, las embarazadas, las lactantes, enfermos del corazón, dolores estomacales desconocidos.**

- Arce, (Acer, in english)

"Acer", árbol originario de Asia y abundante Norteamérica donde existen 160 especies. Se cultiva como árbol ornamental, para la explotación de su madera en la construcción y para elaborar el ...

...

jarabe de arce (también llamado de miel de Maple), el mayor lugar de producción de este jarabe es Quebec (Canadá). La hoja es el símbolo de Canadá, aparece en su bandera. **Contraindicado en diabéticos** (gran concentración de azúcares) **y personas intolerantes a glucosa.**

- Arenaria roja, (Red sandspurry, in english)

"Spergularia rubra", herbácea originaria del Mediterráneo, suele crecer en suelos arenosos. Para fines medicinales se emplea, raíces, tallo, hojas y flores. **Contraindicada en menores de 6 años.**

- Arísaro, (Friar's Cowl or Larus, in English)

"Arisarum vulgare", hierba vigorosa, de un metro de altura originaria de Asia y Europa, en campos de Almendros y Algarrobos. **Planta tan tóxica,** hasta el ganado la evita. **Utilizar solo de forma tópica. Por vía interna bajo prescripción médica.**

- Armuelle, (Orache or Garden orache, in english)

"Atriplex hortensis", originaria de Tartaria (Asia occidental), introducida como cultivo en Europa a mediados del siglo XV. Se encuentra en toda la Península Ibérica, de tallo delgado y recto el cual alcanza hasta dos metros de altura, se consume como la espinaca o la infusión de las hojas. **Contraindicado en embarazadas, lactantes, enfermos renales y de gota.**

- Arroz, Rice or Asian rice. in english)

"Oryza sativa", es el cereal más consumido en el mundo junto al Maíz. Asia lo consume desde hace más de 5.000 años. Existen aproximadamente 170 especies de arroz cultivable. China es el país que más lo cultiva y lo consume. Normalmente el arroz que consumimos es el llamado "pulido", al que se le ha extraído el almidón de sus capas externas (que son las más nutritivas). Pero es el más eficaz para las diarreas, si se consume **en grandes cantidades provoca el escorbuto.** Lo ideal es consumir el arroz integral, pero su aspecto repele a algunas personas. El arroz pulido o industrial debido a su deficiencia en lisina se recomienda cocinarlo con verduras, hortalizas y legumbres frescas, consumir acompañado de abundante ensalada cruda. **Sin gluten** ideal para celíacos. **Consultar con el médico o especialista las personas que sufran la enfermedad de Crohn o colitis ulcerosa.**

- Asafétida o Hing, (Asafoetida, Hing or Devil's dung, in english)
"Ferula assafoetida" crece principalmente en Afganistán y el Norte de Irán y su resina se exporta a la India, allí llamada Hing. Se comercializa sobre todo en polvo, de color amarillento que consiste en la mezcla de la resina molida con harina de arroz o trigo. **Muy difícil de encontrar, solo en tiendas indias.** Planta de olor nauseabundo en crudo, cocinada se suaviza y produce un sabor similar a la cebolla y al ajo, se utiliza como condimento. **No se conocen** contraindicaciones, se **recomienda consultar** con el médico o especialista.

- Asclepias tuberosas, (Butterfly weed, in english)
"Asclepias tuberosas", existen múltiples variedades, crece al sur de USA, se utiliza la raíz. **Dosis muy elevadas puede producir irritación gastrointestinal.** Existe en polvo, extractos y tinturas.

- Aspérula, (Sweetscented bedstraw, in english)
"Galium odoratum", planta euroasiática, muy eficaz para diversas dolencias. **Como somnífero solo para personas mayores.** Se utiliza la planta entera, salvo la raíz, la infusión y licuación son las formas habituales para aliviar las dolencias. **La sobredosis produce dolores de cabeza.**

- Avellana, (Hazelnut, in english)
Fruto del árbol "Corylus avellana", fuente natural de proteína y una excelente fuente de energía, secos son fácilmente asimilables por nuestro organismo, ricos en grasas, proteínas e hidratos de carbono, contienen alrededor de 70% de grasa. Muy **apto para los celíacos** al no contener gluten. **Solo hay que tener en cuenta alergia o intolerancia a frutos secos.**

- Avellano, (Hazel or Hazel tree, in english)
"Corylus avellana", originario del Mediterráneo. Se utiliza en uso interno y externo (lavados y en compresas), las infusiones de cortezas y hojas. **Contraindicado en personas con gastritis y ulcera gastroduodenal (puede producir malestares y estreñimientos).**

- Avena, (Oat, in english)

"Avena sativa", originaria de Eurasia y África, considerada la "reina de los cereales" por su contenido en proteínas, vitaminas, hidratos de carbono, minerales, oligoelementos, proteínas de alto valor biológico, hierro, fósforo, nutrientes mucho más ricas que en otros cereales comunes. **Por su alto contenido en fibras puede producir flatulencias y trastornos intestinales.**

- Ayahuasca, (Ayahuasca, Caapi or Yagé, in english)

"Banisteriopsis caapi", también conocida como Yagé o Capi, considerada en la Amazonía como el espíritu de la naturaleza. Según estudios realizados el uso de la Ayahuasca tiene una antigüedad aproximada de 5.000 años. **Utilizar bajo prescripción médica.** Se emplea la decocción de sus hojas, tallo y semillas y en infusión. **Se recomienda prudencia en su uso, puede ocasionar náuseas, palidez, dilatación pupilar, salivación, sudoración profusa, y en algunos casos intoxicación mortal.**

- Azufaifo o Jinjolero, (Jujube, in english)

"Ziziphus jujuba", también conocida como Jujube y Haritaki, originario de Asia Menor, árbol frutal que aguanta casi cualquier tipo de clima y suelo. Sus frutos maduros pueden comerse frescos o desecados para la preparación de mermeladas. En tiendas especializadas o Farmacias se venden píldoras a base de azufaifos. **El exceso puede causar dolor de cabeza. Contraindicado en personas que sufren de hipotensión.**

- Azúkis, (Azuki red beans, in english)

"Vigna angularis, var. nipponensis", llamada también Alubia azúkis, originaria de China, desde allí paso a Japón donde se ha convertido en uno de sus principales cultivos. Se consume igual a cualquier legumbre, poniéndola en remojo, 8 horas antes de cocer. **Sin gluten,** siendo un alimento ideal para cualquier dieta. Con una cantidad en grasas no muy alta **es aconsejable consumir en cantidades moderadas personas con dieta de adelgazamiento, ácido úrico elevado, hipertiroidismo, bocio y propensas a flatulencias.**

Descripciones de plantas con la letra B

- Babaco, (Babaco fruit, in english)

"Carica pentagona", parecido al pepino, pero más grueso, de 20 a 30 centímetros de largo. La piel es lisa y verde, aunque de color amarillo al madurar. La pulpa no contiene semillas. Originario de las zonas altas de Ecuador donde se cultiva desde antes de llegar los españoles. Consumir maduro y piel de color dorado. Se puede tomar al natural, acompañando carne, con ensaladas de frutos o con helado, flameado, miel, canela, etc. **No se conocen** contraindicaciones, se **recomienda consultar** con el médico o especialista.

- Bardana o Lampazo, (Greater burdock, in english)

"Arctium lappa", originaria de Eurasia, planta con beneficios medicinales en sus raíces y rizomas (tallo anterior a las flores), prolifera en suelos baldíos, bordes de camino. También se encuentra en cápsulas, que contienen su extracto, facilitando su consumo. **Bajo control médico para los hipertensos o con cardiopatías. Contraindicado en embarazadas, lactantes, menores de 2 años, diabéticos, hipoglucémicos, y personas en deshabituación alcohólica.**

- Becabunga, (Brooklime or European speedwell, in english)

"Veronica beccabunga", también llamada Verónica acuática, crece a las orillas de riachuelos, y el área en la que crece se extiende por el Norte de África, Europa y Asia Occidental, se caracteriza por tener tallos rollizos, pierde sus propiedades tanto en el secado como en la cocción, mejor **consumir fresca y cruda.** Sin peligro de sobredosis y de gran poder depurativo. Antes de consumir conviene lavar la planta, es de sabor parecido al berro. **No se conocen** contraindicaciones, se **recomienda consultar** con el médico o especialista.

- Benjuí, (Sumatra benzoin tree, in english)

"Styrax benzoin", líquido resinoso de un árbol de los bosques de Laos, Vietnam, Malasia, Indonesia. Se utiliza principalmente de forma interna o en pomadas, jabones, tinturas, aceite esencial. La resina **puede beberse** según **indicaciones de especialista.**

Continúa...

...

Las inhalaciones es otra forma de aprovechar sus beneficios medicinales. **No utilizar embarazadas, lactantes, menores de 12 años, o con enfermedades crónicas y alérgicas.**

- Berenjena, (Eggplant, in english)

"Solanum melongena", originaria del sudeste asiático y la India. En tiempos antiguos, se decía que provocaba dolores de cabeza, lepra, sarna, tristeza y aseguraban que incitaba a la lujuria, conocida como "manzana de amor". Consumir mejor asada, a la parrilla, al vapor, al horno. Al freír, absorbe mucho aceite y dificulta su digestión. **Consumir con moderación** personas con esofagitis por reflujo o padezcan cualquier enfermedad inflamatoria de las articulaciones. **No comer cruda, puede resultar tóxica.**

- Berro, (Watercress or Yellowcress, in english)

"Nasturtium officinale", planta perenne originaria de Eurasia, crece en arroyos o charcas limpias. Con infinidad de vitaminas y minerales, cuyas propiedades aportan muchos beneficios a nuestra salud, si lo consumimos con frecuencia. **En grandes cantidades puede ser perjudicial en personas con:** gastritis, úlcera gástrica, úlcera intestinal. **Consumir con precaución las embarazadas, lactantes, menores de 6 años y personas alérgicas.**

- Biznaga malagueña, (Toothpick-plant or Toothpickweed, in english)

"Ammi visnaga", planta amarga, y aromática del área mediterránea, se conocen con registros que datan del antiguo imperio egipcio, donde se bebía como té para contrarrestar las piedras en los riñones. El nombre de Biznaga incluye diversos géneros de cactáceas. Las flores son muy distintivas, crecen en pequeños ramilletes con las flores en semiesferas, fruto pequeño, de forma ovalada y color oscuro, es lo que se utiliza. **Contraindicado en embarazadas, lactantes y menores de 12 años.**

- Boldo, (Boldo, in english)

"Peumus boldus", originario de Chile y única especie de este género. Nunca utilizar más de 4 semanas, siempre con 2 meses de intervalo. **Contraindicado en embarazadas, lactantes, menores de 12 años y personas con obstrucciones vesiculares, hepáticas o enfermos renales.**

- Bolsa de pastor, (Shepherd's purse, in english)

"Capsella bursa-pastoris", originaria de Asia Menor y del Este de Europa. Fácilmente distinguible, por sus frutos forma acorazonada que recuerdan precisamente a la forma que posee una bolsa (de ahí su nombre). **No utilizar por embarazadas, menores de 2 años, personas hipertensas o con problemas etílicos.**

- Borraja, (Borage or Starflowers, in english)

"Borago officinalis", originaria del norte de África y Medio Oriente. Con las semillas se elabora un aceite terapéutico. **Contraindicada para embarazadas, menores de 6 años y hepáticos.**

- Brócoli, (Broccoli, in english)

"Brassica oleracea itálica", originaria de Anatolia – Turquía. **Es la única planta comprobada como muy beneficiosa en la prevención de cáncer.** Normalmente se consume cocinado, **es más eficaz en la prevención de cáncer de próstata si se come crudo,** cuando se cocina disminuye la biodisponibilidad de su sulforafano en alrededor de 90 %. **Precaución puede tener interacción** con medicamentos usados en afecciones respiratorias crónicas, o para regular la coagulación sanguínea **(Teofilina, Sintron). Evitar consumir crudo personas con hipotiroidismo, o enfermedades renales.**

- Buchú, (Round leaf buchu, in english)

"Agathosma betulina", arbusto originario de Sudáfrica, utilizado cuando existe dificultad y/o escozor al orinar, debido a infecciones, **administrar con mucho cuidado,** podría generar una irritación indeseada sobre el tracto urinario. **Bajo prescripción médica en embarazadas y lactantes. Contraindicada en menores de 6 años.**

- Buglosa, (Common bugloss, in english)

"Anchusa officinalis" o "Anchusa azurea", planta originaria de Europa meridional, se emplean hojas y flores. **Precaución** al tomar vía interna. **Contraindicada en embarazadas, lactantes, menores de 12 años, hepáticos y enfermos de cáncer.**

Descripciones de plantas con la letra C

- Cacahuete, (Peanut, in english)
"Arachis hypogaea", también conocido como maní. Originario de la zona andina del Perú, hay constancias arqueológicas de su consumo de hace 8.000 años. A pesar de su mala fama es muy beneficioso para la salud y para múltiples dolencias, sea tostado, el aceite o en crema. **Contraindicado en pacientes renales o con problemas de vesícula (por su contenido en oxalatos).**

- Cacao, (Cacao or Cocoa, in english)
"Theobroma cacao", de origen mexicano, en el México prehispánico (cultura Maya) se utilizaba como moneda de cambio. **Poderoso alimento con propiedades y beneficios increíbles, tanto para nuestra salud física, emociones y salud mental.** Estimula, reconforta y reanima nuestro cuerpo. Uno de los alimentos más conocidos que existen, en especial porque se obtiene uno de los postres más consumidos por excelencia: el **chocolate. Contraindicado su consumo en personas con estreñimiento, hemorroides, hipertensos o en estados nerviosos (al contener trazas de cafeína).**

- Café verde, (Green coffe, in english)
También llamado Nescafé, es el café sin tostar, su consumo ha sido analizado en numerosos estudios clínicos donde se demuestra que las utilidades y **propiedades terapéuticas son similares a Café o Cafeto, con la ventaja de que no produce** cefaleas, náuseas, insomnios y respecto a la dependencia, muy al contrario, se recomienda para distintos tipos de adicciones. **De sabor y olor indescifrable (camuflar con unas gotas de vainilla o planta aromática). Contraindicado para embarazadas y menores de 12 años, pacientes con problemas renales, cardíacos, hipertensos, gastroduodenales o gastritis, y las personas sensibles a la cafeína.**

- Caigua, (Stuffing cucumber, in english)
"Cyclanthera pedata", de origen peruano, catalogada como alimento funcional, rico en fibra. Puede ser consumido en su forma natural, en ensaladas, aperitivos, en rellenos de carne o en cápsulas. En cápsulas (seguir indicaciones de especialista o prospecto), se recomienda 2 píldoras 30 minutos antes del desayuno y almuerzo con abundante agua. **No se recomienda a embarazadas, y lactantes**

- Calabacín, (Zucchini or Summer squash, in english)

"Cucurbita pepo", en la América hispana se la conoce como "Zapallo de verano". Compuesto de un 95% de agua, no tiene ningún contenido calórico, siendo altamente benéfico para el organismo. En estudios realizados se ha demostrado que 100 gr. de calabacín sólo aportan 15 gr. de calorías, y contiene una muy buena cantidad de minerales. **Deben limitar su consumo, las personas que padezcan insuficiencia renal, o tomando diuréticos, y menores que tengan problemas estomacales, como diarreas.**

- Calabaza / Calabacera, Pumpkin, in english)

"Cucurbita máxima", originaria de México y Texas, se lleva cultivando hace más de 4.000 años. En la actualidad cuatro especies principalmente. Con fines terapéuticos, a excepción de sus raíces, se utiliza todo: sus hojas, su flor y su fruto (calabaza) donde se encuentran las semillas (pipas de calabaza), de modo interno y de modo externo. La semilla no irrita, ni son tóxicas y se pueden consumir sin ningún temor. La flor es grande y parecida a las campanillas, de color amarillo anaranjado, se pueden rebozar en pasta de harina. Al consumir la flor cruda en ensaladas, sopas o al vapor se aprovechan mejor sus propiedades. Existen preparados con semillas de calabaza. Su riqueza en vitamina E la hace importante para la pituitaria (glándula del desarrollo y la reproducción). **Evitar el exceso semillas de calabaza personas que sufran:** colitis ulcerosa, úlceras gástricas o hernias de hiato (ocasiona ardor, acidez), gastritis (empeora los síntomas). **Contraindicado utilizando medicación de anticoagulantes (produce efecto contrario).**

- Calaguala, (Narrow strapfern or Narrow-leaf strap fern, in english)

"Campyloneurum angustifolium", originaria de Perú, su nombre es quechua. Planta epifita (que no crece en la tierra), se puede encontrar entre las cortezas y ramas de otras plantas o en medio de las rocas. Es una especie de helecho, se utilizan los tallos y raíces del helecho macho, como emplasto o cataplasma, y en infusión. Existe también en extracto. **Contraindicado en personas con gastritis, úlceras duodenales y diabetes.**

- Calamento, (Calamintha, in english)

"Calamintha sylvatica", nativa del norte de África, es posible encontrarla en Asia y Europa en los bosques poco espesos. Se utiliza su aceite esencial, tanto por vía oral como en uso tópico. **Solo utilizar 1 gota. No utilizar a largo plazo. Contraindicado en embarazadas o lactantes.**

- Calamondin, (Calamondin or Calamansi, in english)

"Citrofortunella microcarpa" originario de Filipinas y China, cítrico del tamaño de una nuez, híbrido entre mandarino y kumquat. Muy resistente al frio, y muy adecuado en maceta como planta de interior o Bonsái, de abundantes flores y frutos que se dan a la vez. **Contraindicado durante los 3 primeros meses de embarazo, mujeres en lactancia, enfermos de gastritis o de úlceras pépticas.**

- Campanilla, (Bindweed or Morning glory, in english)

"Convolvulus", perteneciente a la familia Campanulaceae, existen 250 especies, muy común en huertas o sembrados de España. Recibe el nombre de campanilla por la forma de sus flores que recuerdan a trompetas, son de distintos colores blancos, rosados, violetas, azules y azulados. Se utiliza en infusión, **consultar dosificación a médico o especialista.** Planta poco conocida como remedio, pero es muy interesante en caso de estreñimiento. **Contraindicado en embarazadas, durante la lactancia, en menores de 6 años, y personas con enfermedades agudas o crónicas.**

- Canela / Canelo, (Cinnamon / Cinnamon tree, in english)

"Drimys winteri", originario de Chile y Argentina en la Patagonia. Árbol siempre verde, sagrado para el pueblo Mapuche. La canela se extrae de su corteza, la infusión se realiza al agregar agua caliente en una taza con corteza, reposar 5 minutos y beber caliente. Dar sabor no es la única función, tiene una gran cantidad de propiedades medicinales. **Contraindicado en embarazadas, lactantes.**

- Canela con miel, (Cinnamon with honey, in english)

La canela y la miel **(utilizar miel a partir de 1 año)** son dos alimentos nutritivos. Una cucharada sopera con agua tibia diaria tiene muchísimas propiedades para la salud y un delicioso sabor. **Preferiblemente miel cruda** (como cristalizada). Puede mezclarse con otras bebidas.

- Canónigo, (Lamb's lettuce, in english)

"Valerianella locusta", originario de Europa, Asia Menor y el Cáucaso, crece espontáneamente en prados y praderas con humedad, aunque raramente fuera de Europa. En España a excepción del tercio sur, destaca su ácido alfalinolénico (ALA), muy escaso en el reino vegetal, es de ínfimas calorías, se puede comer crudos (en ensaladas), o cocidos. Sabor muy suave con cierto sabor a fruto seco. Se nombre viene por el consumo que hacían de ellos los clérigos, para aquietar su ansiedad sexual, de propiedades parecidas a la Valeriana. **No se conocen** contraindicaciones, se **recomienda consultar** con el médico o especialista.

- Caña común, (Spanish cane, in english)

"Arundo donax", originaria de Asia, se distingue del bambú porque de cada nudo sale una única hoja. Crece junto a cursos de agua, fosos y lugares húmedos. Como remedios naturales se usan el rizoma (tallo subterráneo) y la raíz. **El uso interno, en exceso puede producir:** hipotensión y depresión respiratoria. **Antes** de realizar un tratamiento **consultar al médico (dosis y duración temporal)** para evitar efectos adversos o alteraciones en la salud. **Contraindicado en personas con enfermedades crónicas, menores de 12 años y embarazadas (salvo prescripción médica).**

- Caña de azúcar, (Sugarcane, in english)

"Saccharum officinarum", el azúcar integral de caña es uno de los edulcorantes más ricos en vitaminas y minerales. **Hay que considerar que incluso el exceso de este azúcar es perjudicial para la salud dental.** Varía las condiciones **cuando se utiliza en jugo,** consumir el jugo lo más pronto al extraer, tiende a oxidarse en 15 minutos. El azúcar se obtiene evaporando el jugo de la caña por calentamiento o liofilización, **de todos los tipos de azúcar es el más saludable al contener algunos minerales y vitaminas cuando se respeta el proceso artesanal de elaboración.** El verdadero azúcar de caña integral no es marrón, tiene un color ligeramente tostado y se apelmaza con facilidad al contacto con la humedad, los otros tienen aditivos y no que es igual el color, ni la textura, ni sus propiedades, por el procedimiento de elaboración. Existe la melaza de caña. **Contraindicado en diabéticos y personas intolerantes a la glucosa.**

- Caña fístula o Carao, (Golden rain tree or Canafistula, in english)
"Cassia fistula", originaria de Egipto y Oriente medio, crece en climas tropicales de países de Asia y América Latina donde es muy común ver este tipo de árboles, desde hace miles de años el fruto de este árbol ha sido usado para remedios caseros. **No usar más de 3 días seguidos. Con la menstruación y cistitis puede:** provocar cólicos y vómitos. **Contraindicada en embarazadas, durante la lactancia, en menores de 6 años, y las personas con enfermedades intestinales, con apendicitis.**

- Cáñamo / Cañamón, (Hemp seed, in english)
"Cannabis sativa", el cañamón se encuentra en el cogollo de la marihuana, siendo originaria de la Cordillera del Himalaya - Asia. Utilizado como fuente importante de alimentos, fibras y medicamentos desde hace miles de años, se empezó a usar en toda la cuenca del Mediterráneo, desde Egipto hasta Marruecos, varios siglos a.n.e. Los documentos más antiguos existentes que describen el uso de las semillas de cáñamo como alimento y medicina son procedentes de China. El cañamón es extraordinariamente beneficioso para la salud, al contener todos los aminoácidos y ácidos grasos esenciales necesarios para un cuerpo lleno de vitalidad. Ninguna otra planta tiene proteínas de tan fácil digestión ni una proporción tan perfecta entre los aceites esenciales. **El cañamón NO contiene sustancia psicótica, pudiéndose añadir como condimento a ensaladas, pastas, sopas, etc.**

- Capuchina, (Nasturtium or Garden nasturtium, in english)
"Tropaeolum majus", originaria de América, en zonas de la costa española se ha asilvestrado. Se utiliza toda la planta, especialmente las hojas y flores. **No consumir las semillas por tóxicas.** La capuchina se toma cruda, en ensalada y su sabor recuerda el del berro, quizás un poco más fuerte, **consumir en poca cantidad** y mezcladas con otras. debe ser aderezada solamente con zumo de Limón y un poco de sal. **Contraindicado en personas con úlcera gastroduodenal o afecciones renales. El extracto está contraindicado en caso de hipotiroidismo.**

- Caraguatá, (Caraguata plant or Heart of flame plant, in english)
"Eryngium paniculatum", originaria de Brasil, Argentina, Paraguay, Uruguay, crece espontáneamente y muy invasiva. Se utilizan los frutos (irritan los labios), raíces y rizomas. Raíces y rizomas en decocción al 5%. **No se conocen** contraindicaciones, se **recomienda consultar** con el médico o especialista.

- Cardamomo, (Cardamom, in english)
"Elettaria cardamomum", originaria de la zona suroccidental de la India. Una de las especias más apreciadas y caras del mundo. Contiene aceites esenciales, almidón, fibra, beneficioso como alimento nutritivo, energizante y mantiene la regularidad intestinal. Planta muy aromática para espolvorear en comidas o bebidas calientes. **Contraindicado prescribir su aceite esencial en uso tópico a:** menores de 6 años, personas con alergias respiratorias. **Por vía interna en embarazadas, lactantes, menores de 6 años, personas con alergias respiratorias, gastritis, úlceras gastroduodenales, síndrome del intestino irritable, colitis ulcerosa, enfermedad de Crohn, hepatopatías, epilepsia, Parkinson u otras enfermedades neurológicas.**

- Cardencha, (Wild teasel or Fuller's teasel, in english)
"Dipsacus fullonum", originaria de Europa, también se puede encontrar en el centro y sur de América. Crece en prados frescos o cercanías de ríos. También conocida como "Raspayos". Muchas de propiedades son comunes en todas las variedades de cardos. **No se conocen** contraindicaciones, **consumir con moderación,** se recomienda **consultar con el médico o especialista.**

- Cardillo, (Golden thistle or Spanish oyster thistle, in english)
"Scolymus hispanicus" conocida como Tagarnina, es originaria de Europa, planta silvestre de uso básicamente culinario en tortillas, guisos, cocidos…, de hojas tiesas, color verde y entre azulado y blanquecino, llamado glauco, primero crece un rosetón basal de hojas, que es el habitual para cocinar. Si no se es ducho en limpieza de espinillas y hojas, es recomendable comprarla, incluso existe en conserva. **No se conocen** contraindicaciones, se **recomienda consultar** con el especialista.

- Cardo, (Spynis plumeless thistle or Welted thistle, in english)
"Carduus acanthoides", es el símbolo de Escocia, es originario de Europa e invasiva, también llamado cardo chileno. Una de las plantas medicinales más populares en el cuidado y protección del hígado, destaca por su contenido en hierro y calcio, rico en agua. Se consigue fresco en fruterías o en frascos de conserva en hipermercados. Eliminar sustancias tóxicas como el alcohol, destaca la presencia de cinarina para la secreción de bilis, excelente también contra el consumo excesivo de proteínas de origen animal y grasas. **Puede causar molestias de estómago, diarrea, náuseas o vómitos y posibles interacciones medicamentosas,** se **recomienda consultar** con el médico o especialista.

- Cardo bendito, (St. Benedict's thistle, in english)
"Cnicus benedictus", también conocido como Cardo santo, originario de la cuenca Mediterránea desde Portugal hasta el Cáucaso, en la Península Ibérica abunda más en el centro y noroeste. Se utiliza medicinalmente sus semillas secas y sus hojas para las infusiones. Los **diabéticos, consumir en dosis medidas,** consultando con el médico o especialista. **Contraindicado a embarazadas, lactantes y menores de 6 años.**

- Cardo corredor, (Field eryngo, in english)
"Eryngium campestre", también llamado Cardo setero, muy común en Europa occidental y central. De hojas puntiagudas, crece espontáneamente en terrenos secos y soleados. Se utilizan las raíces, y las hojas tiernas a modo de especia para añadir a ensaladas y otros platos fríos o templados. **Pacientes de hipertensión o cardiopatías, utilizar sólo bajo control médico,** por la posibilidad de aparición de descompensación en la tensión. **Contraindicada la dosificación con contenido alcohólico en menores de 6 años, y personas en deshabituación etílica.**

- Cardo mariano, (Milk thistle, in english)
"Silybum marianum", originario de la cuenca del Mediterráneo, Asia y Siberia. Produce "glutatión", fortalece las membranas exteriores de las células ayuda a que las toxinas no penetren en ellas. Se consume la planta entera, en polvo, en cápsulas. Se puede encontrar en conservas, es muy utilizado para dietas. ... **Continúa...**

...

No consumir la flor los alérgicos. Contraindicado en diabéticos, hipertensos, embarazadas, lactantes, y personas en tratamiento antidepresivos.

- Cardo yesquero, (Southern globethistle, in english)
"Echinops ritro", conocido como Cabeza de erizo, originario de Europa central, meridional, Asia y Siberia. Habitual en cunetas de las carreteras, tiene varios usos medicinales que apenas conocemos. En verano aparecen esferas formadas por pequeñas flores azuladas, realmente hermosas. **Contraindicado en embarazadas, durante la lactancia, en menores de 6 años y en alérgicos.**

- Carlina, (Stemless carline thistle or Silver thistle, in english)
"Carlina acaulis", originaria de Europa central, se suele ver en praderas y cordilleras a gran altura, en lugares templados tanto a la sombra como en plena luz. Para fines medicinales la parte de interés es la raíz. Debido a la dificultad que implica extraer la raíz con las manos, es mejor comprar. **Contraindicado en embarazadas y durante la lactancia.**

- Carqueja, (Baccharises, in english)
"Baccharis articulata", arbusto que crece en Brasil, Argentina, Uruguay, Paraguay, Chile y difundido en todo el mundo en climas más bien lluvioso y fresco a orillas de caminos y sitios de suelo fértil con humedad; muy útil para tratar la lepra. Se aprovecha la parte aérea no leñosa. **Contraindicado en diabéticos, embarazadas y durante la lactancia.**

- Cártamo, (Safflower or Hua Hong, in english)
"Carthamus tinctorius", el cártamo es uno de los cultivos más viejos de la humanidad, posiblemente originario de la India. Los análisis químicos de tejidos del Egipto Antiguo, dinastía XII, identificaron los tintes de Cártamo, también se hallaron guirnaldas confeccionadas con la planta en la tumba de Tutankamón. De uso tradicional en China, se conoce como "Hua Hong". Se utiliza la flor como infusión. existen extractos en aceite. **Contraindicada en embarazadas (abortiva), hipotensos o con medicación anticoagulante.**

- Cáscara sagrada, (Cascara buckthorn or Cascara, in english)
"Rhamnus purshiana", originaria de las zonas templadas de Norteamérica, desde medio oeste hasta California. Se consume en infusión, existen cápsulas, extractos líquidos y corteza seca. Sus **efectos suelen activarse** entre 6 y 8 horas posterior a su consumo oral. **No prolongar** el tratamiento **más de 8 o 10 días, siempre bajo control médico.** Es comercializada en forma líquida o de comprimidos. **Contraindicada en menores de 6 años, durante la lactancia. con obstrucción intestinal, menstruación, inflamación intestinal o uterina, cistitis, hemorroides, insuficiencia hepática, renal o cardíaca o realizando tratamientos con cardiotónicos.**

- Cascarilla, (Cascarilla, in english)
"Croton eluteria" árbol originario de América tropical, se utiliza la corteza. **A dosis altas tiene un efecto ligeramente narcótico y puede producir dolor de cabeza, insomnio y náuseas.** Para su consumo **consultar con el especialista,** se suele tomar en polvo o en infusión. **Infusión:** 30 gramos por litro. Se toman 100 ml por dosis. **Polvo:** 1 a 2 gramos por dosis y máximo de 3 a 10 gramos diarios. **Contraindicada en hipertensos, personas nerviosas (contiene cafeína), con estreñimiento y hemorroides**

- Castaña, (Chestnut fruit, in english)
Se trata del fruto del castaño, cocida está deliciosa, se realiza el exquisito fruto Marron glacé (forma originaria asturiana, pero se la atribuyen los franceses). La conocemos en los meses de frío, y la mejor forma de consumir son las asadas. Las castañas aportan propiedades de lo más interesantes. **Consumir con moderación las embarazadas. Contraindicada en los diabéticos.**

- Catechu o Cato, (Areca palm or Betel tree, in english)
"Areca catechu", palmera originaria de China, India, y zonas cercanas al océano Índico, Indonesia, Birmania o Malasia. Se utiliza las partes verdes y su flor en infusiones. **Puede causar cáncer** masticar sus hojas. **Más de 10 gr.** provoca **efectos tóxicos, incluso parálisis cardíaca y respiratoria.**

- Cayena, (Cayenne or Chinese hibiscus, in english)

"Hibiscus rosa-sinensis", la rosa de China es una de las 150 especie de Hibiscus, entre sus beneficios es acelerar el metabolismo más que otros productos naturales al contener Capsaicina, ayuda a quemar calorías y bajar de peso con un consumo moderado en las comidas. **Contraindicado durante la lactancia, en personas con problemas renales, hepáticos, o con medicación de anticoagulantes (Aspirina, Coumadin o Warfarin).**

- Cebada, (Barley, in english)

"Hordeum vulgare", originaria de Oriente Medio, alimento-medicamento que se puede consumir de diversas formas, como sémola, cocinado en cualquier guiso, ensalada, leche o como agua de día. **Contraindicado en personas con hipersensibilidad a la harina de cebada, alérgicas a la cerveza, celíacas, hipertensos (con asiduidad).**

- Cebolla, (Onion, in english)

"Allium cepa", originaria de Asia central, consumida en abundancia los **diabéticos** deben **revisar sus niveles de azúcar** puede disminuir el nivel en la sangre. Existe una melaza de cebolla, que se puede utilizar como edulcorante. **Hay medicamentos que reaccionan con los componentes de la cebolla como:** aspirina, anticoagulantes, antiplaquetarios y el litio. **Se debe consultar a un médico.**

- Cedro, (Cedar, in english)

"Cedrus", originario de Medio Oriente y asiático (Himalaya) puede vivir más de 2.000 años. Se utiliza la corteza, las hojas y la madera. También existe un aceite esencial, ver descripción en "Aceite de Cedro", es de la especie Cedro del Atlas. Sus componentes activos son la resina, bálsamo, brea vegetal, algo de trementina y otras sustancias. **Está contraindicado (salvo prescripción médica), ingerir los aceites esenciales durante el embarazo, la lactancia, menores de seis años o pacientes con gastritis, úlceras gastroduodenales, síndrome del intestino irritable, colitis ulcerosa, enfermedad de Crohn, hepatopatías, epilepsia, Parkinson u otras enfermedades neurológicas. También las inhalaciones en menores de 6 años, personas con alergias respiratorias o con hipersensibilidad conocida a éste u otros aceites esenciales.**

- Centeno, (Rye, in English)

Secale cereale", es el cereal más antiguo que se conoce en alimentación, originario del Este de Europa. Con cantidad de proteínas, superando al arroz, trigo, avena y más lisina (el aminoácido limitante), pero mejor proteína en cantidad y calidad. De una variante de esta especie, salió el LSD en 1943. **Consumir con moderación:** personas hipertensas, y tendentes en retención de líquidos. **Contraindicado en celíacos.**

- Centinodia, (Knotgrass plant, in english)

"Polygonum aviculare", originaria de Europa, es una plaga para los cultivos. De raíces gruesas con muchas ramificaciones, muy complicado extraer la planta entera. Para los remedios medicinales se utilizan las partes aéreas. **No utilizar en menores de 2 años, personas con problemas etílicos.**

- Cerezo / Cerezas, (Cherrys tree / Cherry, in english)

"Prunus cerasus", originario de Europa y sudeste de Asia, con propiedades medicinales en sus frutos, rabillos y hojas. Se utiliza como tisana realizada con un puñado de rabillos por 1 litro de agua o, tomando el jugo fresco de sus frutos, sin límites de consumo. **No se conocen** contraindicaciones, se **recomienda consultar** con el médico o especialista.

- Cerraja, (Sow thistle or Smooth sow thistle, in english)

"Sonchus oleraceus", originaria de Europa, Asia y norte de África, es invasiva de tallo empinado, hojas triangulares de bordes dentados. Flores de color amarillo limón (similar a la del diente de león) con numerosas cabezuelas. Se utiliza la raíz y las hojas, en decocciones o caldos. Las hojas como alimento. más sabrosas recogidas antes de florecer, existen envasadas. **No se conocen** contraindicaciones, se **recomienda consultar** con el médico o especialista.

- Chayote o Cidra, (Chayote or Mirliton squash, in english)

"Sechium edule", hortaliza originaria de Centroamérica, conocida con otros muchos nombres según cada país. Llamada papa de los pobres. **Se usa como comestible** en sopas, guisos, puré, y al horno, no altera el sabor en las comidas y sus beneficios son grandísimos. **No se conocen** contraindicaciones, se **recomienda consultar** con el médico o especialista.

- Chia, (Chia, in english)

"Salvia hispánica", **también conocida como Chan,** originaria de América Central, conocida y consumida desde hace más de 6.000 años. Se utiliza su semilla, como una excelente fuente de fibra y antioxidantes, calcio, proteínas y ácidos grasos omega 3 de origen vegetal. **De sabor suave y agradable,** se puede usar en todo tipo de recetas, salsas, panes, postres, batidos. **Es importante consumirlas con moderación.** Para obtener mayores beneficios la forma más común de comer es **mezclada con agua, zumo o algún alimento líquido**, pudiendo absorber muy rápidamente (en menos de 10 minutos) una gran cantidad de líquido entre 9-12 veces su volumen. **Contraindicado con medicamentos para tratar la hipertensión, personas que padezcan diverticulosis (Colon, o en intestino grueso), con diarrea. Cuando se ha sometido cirugía de estómago, intestino delgado o cirugía del Colon o se padece de flatulencias.**

- Chirimoya, (Cherimoya, in english)

"Annona cherimola", originaria de la zona andina limítrofe entre Ecuador y Perú, donde crece en altitudes comprendida entre 1400 y 2000 metros. España es el primer productor mundial con un 80% del total. Se tiene constancia de su existencia en la costa granadina hace más de 400 años. Fruta muy delicada, que presenta una escasa resistencia al transporte. No necesita de ningún tratamiento, se come tal cual. **No se recomienda de postre tras una comida copiosa.** Al consumirla por 1ª vez personas con problemas de estreñimiento puede aparecer alteración intestinal, **cuando realmente está ayudando a corregir su problema.** Fruta de fácil digestión que la hace muy aconsejable en personas débiles, convalecientes, ancianos, en dispepsias y muy especialmente en niños y embarazadas. Algunos productos extraídos de sus semillas han sido aplicados con éxito en investigaciones para el tratamiento de piojos, disentería, cefalalgias (dolores de cabeza), gota y cálculos. **Por ser fuente de potasio deben tener cuidado las personas con insuficiencia renal. Consumir con moderación las personas diabéticas.**

- Chirivía, (Parsnip, in english)

"Pastinaca sativa", originaria de las zonas más cálidas de Europa (aunque para desarrollarse por completo necesita de heladas y temporadas frías intermitentes). Se consume en guisos y sopas, siempre después de un período de cocción. Como nutriente es ...

...

más completa que la zanahoria, más pálida y distinto sabor. **No se conocen** contraindicaciones, se **recomienda consultar** con el médico o especialista.

- Cilantro, (Coriander or Cilantro, in english)

"Coriandrum sativum", también llamado Coriandro, originario del sur de Europa y norte de África. Parecida al perejil, con múltiples propiedades para la salud, los arqueólogos han hallado restos del cultivo de esta hierba en las tumbas de los faraones egipcios. Buena fuente de vitamina K., se utiliza espolvoreando o bien picada en sopas y ensaladas, también se puede realizar infusiones. **Contraindicado durante el embarazo (abortiva) y la lactancia.**

- Cionanto de Virginia, (White fringetree, in english)

"Chionanthus virginicus", árbol natural del este de los Estados Unidos, conocido popularmente como flor de nieve, las flores se agrupan en panículas colgantes y tienen corolas con cuatro pétalos de color blanco nítido, de ahí su nombre. **Se utiliza la corteza de la raíz** como remedio natural con 50 g. de corteza por litro de agua. **No se conocen** contraindicaciones, se **recomienda consultar** con el médico o especialista.

- Ciruelo / Pruno, (Prunus, in english)

"Prunus doméstica", originaria del Cáucaso, Anatolia y Persia (Irán), tanto el cultivado como el silvestre (Pruno) es un fantástico árbol, se puede emplear todo, corteza y las hojas recolectadas en primavera tierna o fresca, los frutos maduros sean frescos, desecados o en mermeladas. **Comer con moderación personas que sufran cálculos renales, colon irritable o diabetes.**

- Citronella o Caña de limón, (Lemon grass, in english)

"Cymbopogon citratus", originaria de la India, Ceylán, Malasia. **Cuidado** contiene microcristales de sílice que **puede causar** úlceras gástricas. Para consumir en infusión, **es mejor en bolsitas ya elaboradas. Contraindicada para embarazadas y personas con intolerancia a productos para la piel, que presentan dermatitis o inflamaciones periódicas.**

- Clavo, (Cloves, in english)

"Syzygium aromaticum", llamado también Clavo de olor, originario de Indonesia, se **utiliza como** remedio natural desde hace más de 2.000 años, desde los egipcios hasta los chinos, pasando por griegos y árabes. Como beneficios del árbol son principalmente los botones de la flor secos, son usados para aliviar el dolor al poseer propiedades analgésicas y para desinflamar. **El aceite esencial** debe ser utilizado con precaución, **puede ser venenoso.** Usar en poca cantidad al ser extremadamente fuerte, por sus efectos desinfectante y antiséptico. **No debe permanecer mucho tiempo sobre la piel,** puede llegar a producir quemaduras e irritaciones. **Contraindicado en embarazadas, menores de 6 años. Personas que sufren de gastritis, colon irritable, alergias respiratorias, Parkinson.**

- Clementina, (Clementina, in english)

"Citrus clementina", originaria de Asia y aunque es casi igual y pertenece a la misma variedad de cítricos, es un híbrido entre Mandarina y Naranja amarga, no tiene semillas y es de sabor más dulce. Se puede realizar una infusión con su cáscara para enmascarar, sabores de otras infusiones. **No se conocen** contraindicaciones, se **recomienda consultar** con el especialista.

- Cocotero / Coco, (Coconut tree / Coconut, in english)

"Cocos nucifera", de origen desconocido, asiático o caribeño, no tolera el frío. Su fruto es la semilla más grande que existe, con beneficios y propiedades saludables consumido de manera ocasional y de forma natural, sin envasar. El aceite de coco contiene altos niveles de ácido láurico, se puede utilizar para cocinar. **Contraindicado en personas con alguna dolencia cardiovascular (contiene muchos ácidos grasos saturados), o con dieta de control de peso.**

- Col de Bruselas, (Brussels sprout, in english)

"Brassica oleracea var. Gemmifera", su origen es de los alrededores de Bruselas, se conoce desde el siglo XVI, hay referencias que se empezó comerciar desde el XIX. Se pueden usar tanto de manera externa como interna. Al hervirlas pierden gran parte de sus cualidades, se recomienda tomarlas al vapor o crudas. **Consumir con moderación personas con malas digestiones o meteorismo.**

- Cola de caballo, (Horsetail or Field horsetail, in english)

"Equisetum arvense", originaria del hemisferio norte europeo, uno de los remedios naturales que utilizaban culturas antiguas debido a sus propiedades medicinales, se utiliza la planta entera en infusión. **Consultar siempre con el médico** ante posibles interacciones si se está medicando. **Contraindicado en embarazadas, lactantes, personas con úlcera de estómago o intestino, acidez de forma habitual, gastroenteritis, diabéticos, con problemas de corazón, del aparato respiratorio, hipertensos o hipotensos, con carencia nutricional grave, deficiencia vitamínica severa, o algún mineral esencial, como el hierro o el potasio. Si se está intentando dejar de fumar mediante parches, como consumidor de alcohol u otras drogas continuamente.**

- Coliflor, (Cauliflower, in English)

"Brassica oleracea var. Botrytis", originaria de Asia, al principio se utilizó más como fármaco que como producto alimenticio. De fácil digestión, requiere solamente de 2 horas para ser digerida. Baja en calorías, una porción habitual en un plato de comida aporta de 15 a 20 calorías, se puede consumir de distintas formas, cocidas, rehogadas, etc. Para evitar el olor cuando se cocina se puede añadir al agua un poco de vinagre, leche o dos cucharadas de Limón. **Consumir con moderación:** si se sufre de meteorismo. **Contraindicado su consumo en pacientes con enfermedades renales o cálculos de vesícula.**

- Comino, (Cumin, in english)

"Cuminum cyminum", originaria de la cuenca Mediterránea, la semilla del fruto contiene cuminal y diversos minerales esenciales como el hierro, el calcio y el magnesio, es una especia con magníficas propiedades curativas. Consumida en comidas, espolvoreado, o en infusión (no es agradable el sabor, se puede mezclar con otras hierbas). **Contraindicado en menores de 6 años, en personas con enfermedad de Crohn, síndrome del intestino irritable, úlceras gastroduodenales, gastritis, colitis ulcerosa, en caso de epilepsia, Parkinson o cualquier otra enfermedad neurológica.**

- Copaiba, (Diesel tree, in english)

"Copaifera officinalis", llamada Palo de aceite, árbol originario de la amazonia peruana, empleada como madera y combustible. Pero su principal uso es la extracción de aceite, bálsamo o extracto. **No se conocen** contraindicaciones, se **recomienda consultar** con el **médico o especialista.**

- Copalchi, (Copalchi or Coutarea latífolia, in english)

"Coutarea latífolia", planta originaria de México y Colombia, de su corteza se obtiene Latiflora, compuesto activo de propiedades **hipoglucemiantes, insulina vegetal, mejorando la asimilación de los glúcidos.** Se utiliza principalmente la raíz, aunque también la corteza y hojas. **A dosis razonables es poco tóxico, seguir indicaciones de personal médico.**

- Cúrcuma, (Turmeric, in english)

"Curcuma longa", originaria del suroeste de la India, utilizada desde el siglo VII a.n.e. De color amarillo o mostaza y tener un sabor específico, dando otro gusto a las comidas. Se consume espolvoreando, en enjuagues, como colorante, o para beber (sabor desagradable, mejor enmascarar. **Contraindicada en embarazadas, lactantes, pacientes con problemas en la vesícula biliar, con la enfermedad de reflujo gastroesofágico (ERGE), recién operados (retarda la coagulación y causar sangrados adicionales).**

Descripciones de plantas con la letra D

- Datilera / Dátil, (Date palm / Date, in english)

"Phoenix dactylifera", originario del litoral Mediterráneo y zonas desérticas adyacentes. Considerada por los pueblos primitivos y actuales de estas comarcas como "la fuente de la vida", árbol que más artículos y materiales aporta en su existencia. El fruto, **dátil,** es la aportación en este libro a los remedios que se describen, solo con la decocción de ellos, al margen de ser un buen alimento. **Consumir con moderación: personas sometidas a regímenes de adelgazamiento estricto,** o en último caso se aconseja el consumo a primera hora de la mañana o justo antes de realizar ejercicio. **Contraindicado a personas diabéticas.**

- Desmodium, (Desmodium, Tick-trefoil or Tick clover, in english)
"Desmodium adscendens", originaria de Sierra Leona y norte de Liberia. **La planta de mayor importancia para problemas hepáticos.** Se usa mucho en infusiones. También en cápsulas y extractos junto a plantas como el Cardo mariano, Alcachofa, Diente de león, Boldo, etc. En fitoterapia se usan los tallos y las hojas. **En dosis muy elevadas puede producir náuseas y diarreas,** dichos efectos se pasan al reducir la dosis. Su grado de toxicidad no es significativo, **se recomienda consultar con el médico o especialista.**

- Díctamo, (Dictamnus, Gitam or Fraxinella plant, in english)
"Dictamnus albus", también conocida como Gitam, originaria del sur de Europa, norte de África, Asia central y meridional. Crece en matorrales y bosques poco espesos. **Planta** escasa y de toxicidad leve, en España se puede encontrar en el Pirineo catalán y en el interior de la Península. Para su recolección se necesitan guantes, si es posible evitar tener la piel húmeda y la exposición al sol. Se utiliza las flores (frescas en casos concretos), hojas y raíz, tanto en infusión como en decocción. Existen otras plantas más efectivas. **Contraindicado para las embarazadas (abortiva).**

- Diente de león, (Dandelion, in english)
"Taraxacum officinale", la achicoria amarga, de origen europeo pero extendido al resto del orbe, se considera una mala hierba por invasiva. Es un gran depurativo para limpiar el organismo de las toxinas que, acumuladas por una mala alimentación, malos hábitos, sedentarismo, etc. La manera más común de usar el diente de león es en infusión. También en emplastos o consumir fresca en ensalada. **No utilizar si se está tomando antibióticos,** disminuye su absorción. **Contraindicado en personas con piedras o cálculos en la vesícula, o riñones, acidez de estómago, reflujo, úlceras estomacales, alérgicos, los que tomen medicamentos de litio o aquellos utilizados para aumentar las cantidades de potasio en el organismo.**

- Dígital, (Digitalis, Foxglove or Purple foxglove, in english)
"Digitalis purpurea", vulgarmente llamada chupamieles, es de origen europeo, noroeste de África, Asia central y occidental. Herbácea que crece en zonas de climas templados, de sombra o semisombra entre Robles, Hayedos, Abetos y, en la Península ibérica ... **Continúa...**

...

entre Encinas y Robles. Las flores son similares a las grandes campanas (o dedales) de color púrpura. **Planta venenosa.**

- Doradilla (americana), (Stone flower or Doradilla, in english)

"Selaginella Lepidophylla", originaria de México, se desarrolla pegada al sustrato rocoso y tiene apariencia de roseta sin tallo; sus hojas están sobrepuestas y al secarse se enrollan en sí mismas formando bolas amarillentas, se reproduce por esporas. **Planta parecida a la Rosa de Jericó.** Se utiliza toda la planta, en infusión, té, o como agua de uso diario. **No se conocen** contraindicaciones, se **recomienda consultar** con el médico o especialista.

- Doradilla (europea), (Rustyback, in english)

"Ceterach officinarum" o "Asplenium ceterach", originaria de zonas templadas de Europa hasta Asia central, crece entre las fisuras de las rocas. **No suspender nunca un tratamiento médico convencional, por este.** El consumo con fines medicinales **requiere de constancia y varias tomas al día** ya que sus **efectos** no son fuertes sino **progresivos, pero efectivos.** En las hojas se encuentran los principios activos para tratar afecciones del organismo. Para consumir este helecho se debe preparar un té o infusión colocando unas hojas en agua hirviendo y dejarlo 10 minutos, colar y tomar. Se recomienda beber la infusión después de las comidas para un mejor resultado. **Consultar al médico menores de 12 años, embarazadas y personas con enfermedades crónicas.**

- Dragontea, (Dragón wort or Dracunculus, in english)

"Dracunculus vulgaris", originaria de Europa central, oriental hasta el sur de Bulgaria. **Planta tóxica** que florece solo en primavera y hasta el ganado evita. **Usar solo de forma tópica. No consumir por vía interna sin prescripción médica.**

Descripciones de plantas con la letra E

- Endivia, (Endive or Witloof, in english)
"Cichorium endivia var. Latifolia", se cree que su origen es la achicoria silvestre. Conocida también como Achicoria y Escarola en plantas desarrolladas. La endivia se comercializa sin desarrollar plenamente y cultivada en oscuridad, destaca por su sabor ciertamente amargo, y se puede acompañar de otros alimentos algo más dulces, incluso con frutas. **Contraindicado en caso de obstrucción biliar.**

- Endrino, (Blackthorn or Sloe, in english)
"Prunus spinosa", arbusto originario de Europa central y Meridional, en la Península Ibérica se excluye el sur. El fruto conocido como endrina es lo más célebre de esta planta, con ellos se elabora el Pacharán. Son frutos de color azulado y ovalado, de poca pulpa y **semilla venenosa.** Para fines medicinales se pueden utilizar las flores, los frutos o la corteza. **Contraindicado en embarazadas, lactantes, y con problemas de estreñimiento (al consumir).**

- Enebro común, (Juniper, in english)
"Juniperus communis", crece en zonas de clima fresco de Europa, Asia, y América del Norte. El uso medicinal es lo que se conoce como bayas, son las escamas de color negro azulado oscuro que provienen de los conos. **El uso a corto plazo de 1.000 a 2.000 mg. por día, en 2 a 3 dosis durante un máximo de 6 semanas, se considera seguro para la mayoría de las personas.** Se puede tomar de distintas formas, infusión, extractos y aceites esenciales de bayas de enebro. **Contraindicado el aceite esencial en embarazadas, lactantes, menores de 2 años, personas con gastritis, úlceras gastroduodenales, enfermedades neurológicas, con insuficiencia cardíaca o renal** (como diurético **bajo vigilancia** médica) **o en proceso de deshabituación etílica.**

- Eneldo, (Dill, in english)
"Anethum graveolens", originario del oriente del mar Mediterráneo, no se da bien en zonas frías, hierba muy aromática de la que se aprovechan tanto las semillas como las hojas, siendo habitual la utilización en todos los guisos de pescado, ya que mejora y acentúa su sabor. También se usa espolvoreando en las ... **Continúa...**

...

comidas antes de servir. **No recomendable en embarazadas, en la lactancia (solo bajo supervisión médica), menores de 12 años, personas que padecen gastritis.**

- Erígero del Canadá, (Canadian horseweed or Canadian fleabane, in english)

"Erigerum canadensis" o "Conyza canadensis"", planta originaria de Norteamérica, aunque extendido en los cinco continentes. De grandes racimos florales hemisféricos que forman una panícula compacta y alargada que se utiliza como infusión. **No se conocen** contraindicaciones, se **recomienda consultar** con el médico o especialista.

- Erísimo o Jaramago, (Hedge mustard, in english)

"Sisymbrium officinale", también llamada Hierba del cantor por sus beneficios en Ronqueras o Afonías, es originaria de Europa, norte de África, Asia occidental y Norteamérica. Común en descampados, márgenes de caminos y huertos. Flores de color amarillo y los frutos apegados al tallo. Con fines medicinales se cosecha la planta entera al inicio de la floración, preferentemente fresca, pero también seca. **No administrar a menores de 6 años, pacientes con obstrucción de las vías biliares, o en proceso de deshabituación etílica.**

- Escaramujo, (Wild rose or Rose hip / hep / haw, in English)

"Rosa micrantha", arbusto que se encuentra hasta en Escocia, toda Europa hasta el Cáucaso, Asia menor y Marruecos, fruto del rosal silvestre, también conocido como Rosa canina, Rosa mosqueta (en los ingredientes cosméticos) con muchas propiedades beneficiosas para la piel, o vulgarmente Tapaculo (al ser un excelente antidiarreico). Suele florecer en primavera, y sus frutos (los escaramujos) maduran a finales del verano e inicio del otoño. Se utilizan los frutos, hojas, pétalos e incluso las raíces. **Su abuso puede causar estreñimiento al ser alta en taninos.** Se toma en infusiones con otras hierbas para cada caso específico de la piel. **Consumir con moderación las embarazadas y lactantes,** podría llegar a generar **estreñimiento. Contraindicado las tinturas a base de alcohol en menores de 6 años o en proceso de deshabituación etílica.**

- **Escarola,** (Escarole or Escarole letucce, in english)

"Cichorium inthybus var. Foliossum", se cree su origen de la achicoria silvestre. Conocida también como Achicoria amarga, ambas como plantas desarrolladas de la comercializada Endivia. Las antiguas civilizaciones descubrieron que este vegetal guardaba en sus rizadas y sabrosas hojas un buen número de propiedades por su alto contenido en vitamina C, al favorecer la formación de Colágeno y Glóbulos rojos, consiguiendo incrementar la absorción de hierro y ácido fólico. La forma habitual de consumir es en ensaladas. **No se conocen** contraindicaciones, se **recomienda consultar** con el médico o especialista.

- **Espárrago,** (Asparagus, in english)

"Asparagus officinalis", de origen persa, existen recetas para su consumo desde el siglo III, se extendió su cultivo a Europa y posteriormente al resto del mundo. Es habitual en las dietas por su bajo aporte calórico. Contiene mucha vitamina C, para aprovecharla conviene consumir los espárragos al vapor o preparados con cocción lenta. **En la lactancia puede modificar,** el sabor de la leche pudiendo ser rechazada por el bebé, **sin representar ningún peligro. Contraindicado en pacientes con insuficiencia coronaria o renal.**

- **Esparraguera,** (Asparagus plant, in english)

"Asparagus officinalis" donde crece el espárrago. Toda la esparraguera tiene virtudes curativas y se puede plantar como planta decorativa. Para uso medicinal se utiliza la raíz; para alimento el turión o espárrago, la infusión como tónico aperitivo para las distintas dolencias. **Contraindicado en personas de afecciones renales, enfermos de gota y reumáticos.**

- **Espinaca,** (Spinach, in english)

"Spinacia oleracea", cultivada originariamente en Persia, e introducida en España por los árabes en el siglo XI. Excelente recurso natural de vitaminas, fibras y minerales. En comparación con las carnes aporta pocas calorías y no contiene grasas, está compuesta mayormente por agua. Sus tallos son más ricos en fibra que las hojas. La mejor forma es hervir el agua en un recipiente, agregar la espinaca, cocinar 1 minuto sin tapar. **Por largo tiempo,** perderá gran parte de sus nutrientes. **Contraindicado en pacientes que han sufrido cólicos renales, gota, artritis reumatoidea, artrosis.**

- Espino cerval, (Buckthorns, in english)

"Rhamnus catharticus", arbusto originario de Europa, Asia central y África del noroeste. Crece principalmente en los bosques claros desde las tierras bajas hasta las regiones subalpinas. Al principio su corteza es casi negra y muy lisa, pero con el tiempo se va deshilachando. **Se utilizan los frutos, siempre bajo control médico. En tratamiento prolongado puede producir cólicos.** Para la infusión se hierven los frutos en agua durante 5 minutos, tomar de una a tres tazas al día. **Contraindicado en embarazadas, lactantes, en la menstruación, personas con cistitis, insuficiencia coronaria, renal, úlceras gastroduodenales, oclusión intestinal, intestino irritable, abdomen agudo, hemorroides.**

- Espirulina, (Spirulina, in english)

"Arthrospira máxima" y "Arthrospira platensis", no confundir con el suplemento dietético. Es un alga de color verdoso por su contenido en clorofila, considerada un super alimento. **Puede producir efectos secundarios como:** sed, estreñimiento, algo de fiebre, ligeros mareos, dolor de estómago, de cabeza, picazón o erupción en la piel. **Utilizar solo bajo control médico durante el embarazo y durante la lactancia, así como las personas con hipertiroidismo o hipotiroidismo por su contenido en yodo.**

- Estafisagria, (Lice-Bane or Stavesacre, in english)

"Delphinium staphisagria", conocida como "matapiojos", es originaria de la cuenca mediterránea, en España se encuentra en el Sur y Baleares. **Planta venenosa, utilizar solo preparados bajo control médico.** Se utiliza con las mismas dosis que el Acónito, Cólquico, Thuya..., a veces es útil emplear simultáneamente en uso tópico sobre las úlceras, herpes, etc. Se realiza la dosis **(bajo control médico o especialista),** con una parte de la tintura por diez de agua. **Bajo estricto control médico** durante la menstruación. **Contraindicado en embarazadas y lactantes.**

- Estragón, (Estragon or Tarragon, in english)

"Artemisia dracunculus", de origen asiático, muy apreciado por el sabor que confiere a los alimentos. Como condimento de cocina no tiene prácticamente ningún riesgo.   ... **Continúa...**

...

Consumir con moderación y nunca diariamente: las embarazadas (abortivo y causar cólicos), personas con enfermedades que impliquen al intestino, de colon irritable o enfermedad de Crohn. **Contraindicado el aceite esencial, personas enfermas de cáncer, lactantes (produce cólicos).**

Descripciones de plantas con la letra F

- Fabiana, (Voilet pichi or Violet pichi fabiana, in english)
"Fabiana imbricata", arbusto de las zonas montañosa de Argentina y Chile. Las hojas y ramas jóvenes, frescas, son las que contienen los principios activos y en particular una sustancia conocida como "Pichi" que proporciona las propiedades medicinales. Para tomar como infusión se prepara con: 30 o 50 gr. de hojas y ramas en 1 litro de agua, hervir 5 minutos, colar y beber. Se puede encontrar en capsulas, jarabes, o extractos. **No se conocen** contraindicaciones, se **recomienda consultar** con el médico o especialista.

- Fresal / Fresa, (Strawberries, in english)
"Fragaria", la silvestre es originaria de Eurasia, empleada como alimento y medicina desde muy antiguo. Los frutos son ricos en vitamina C, también poseen la A o la B, además de sales minerales y otras muchas sustancias. Las hojas para uso medicinal se recogen en verano, cuando está en flor. Las raíces se recolectan en primavera o en otoño. **Con moderación personas en procesos diarreicos, alérgicas a la Aspirina, con litiasis renal por oxalatos, con medicación anticoagulante, problemas para absorber el hierro.**

- Fresno, (Ash or European ash, in english)
"Fraxinus excelsior", originario de Europa, desde España a Rusia. Árbol muy popular y muy usado en arbolado público. La corteza, el fruto y las hojas contienen principios activos para fines medicinales. Los tratamientos son más lentos, por **sus efectos** suaves y moderados, pero **muy eficaces** a medio plazo mediante infusión, decocción, cataplasma, polvo y tintura. **Existen preparaciones** realizadas. **Consumir bajo control médico con hipertensión o cardiopatías.**

- Fucus, (Bladder wrack or Sargassum, in english)

"Fucus vesiculosus", conocido como Sargazo, alga de la costa Atlántica puede alcanzar los 90 centímetros de longitud. Es importante nutricionalmente por su contenido en sales minerales y complejo vitamínico (rico en vitamina A, C, del grupo B y E), aminoácidos esenciales y oligoelementos. Está disponible en forma de cápsulas. **Los efectos secundarios y peligros** radican en la manera de consumir, **debe consumirse bajo prescripción médica o especialista.**

Descripciones de plantas con la letra G

- Galega, (Galega or Goat's-rue, in english)

"Galega officinalis", originaria de Europa meridional y oriental, planta silvestre de sitios húmedos y cálidos al mismo tiempo. En España, sobre todo, en Andalucía, se usa la infusión de dos cucharaditas de hojas secas por taza de agua, o dos cucharadas de sus semillas (deben ser machacadas previamente) por cada medio litro de agua, hervir, colar, reposar y tomar. **Contraindicado en embarazadas, durante la lactancia (consultando con el médico).**

- Galeopsis, (Downy Hemp-nettle, english)

"Galeopsis segetum", originaria de Europa, crece entre las rocas, florece en verano. Se recolecta durante la época de floración cortándola un poco por encima del nivel del suelo, y se seca en un lugar sombreado, empleándose en infusión. Si se utiliza ingerida y se desea endulzar, ver los edulcorantes. **Planta mediocre** en cuanto a propiedades medicinales, **otras las superan** en todos los campos. **No se conocen** contraindicaciones, se **recomienda consultar** con el médico o especialista.

- Garbanzo, (Chickpea, Gram or Garbanzo, in english)

"Cicer arietinum", se cree su origen en la zona Mediterránea oriental, leguminosa rica en hidratos de carbono de absorción lenta, por lo cual proporciona energía con unos niveles de azúcar en sangre muy controlados. **Controlar su uso personas:** con dietas de adelgazamiento, con elevados niveles de ácido úrico, hipertiroidismo, bocio o nódulos tiroideos.   ... **Continúa...**

...

Personas que padezcan de flatulencias o no puedan consumir mucha fibra insoluble, mejor eliminar la piel una vez cocinados.

- Gatera, (Catnip, Catswort or Catmint, in english)

"Nepeta cataria", planta originaria de Europa, los romanos la utilizaban con fines curativos, incluso contra la viruela y la escarlatina. Su nombre se debe a sus efectos en el comportamiento de los gatos, tanto los domésticos, también en los salvajes de mayor tamaño (e incluso en los grandes felinos). Se consume principalmente en forma de té, elaborando la infusión con una cucharadita de la planta por cada taza de agua, hervir, dejar reposar 3 minutos, colar y beber. También se puede utilizar en zumo, tintura, emplasto, mascada e incluso fumada. **Contraindicado en embarazadas.**

- Gatuña, (Restharrow or Spiny restharrow, in english)

"Ononis spinosa", originaria de Europa, Asia occidental y norte de África, arbusto con raíces de gran extensió y difícil de erradicar. Se emplea toda, en especial la raíz con beneficios depurativos. **Pacientes con insuficiencias cardiacas y renales graves, consultar con el médico antes de usar.**

- Gayuba o Uva de oso, (Kinnikinnick or Bearberry, in english)

"Arctostaphylos uva-ursi", crece en toda Europa, Asia y América del norte, planta rastrera que tapiza con sus diminutas hojas los claros de bosques de pinos y robles de los Pirineos, áreas montañosas del Sistema Ibérico y cuenca del Ebro. Planta de medio metro de alto hojas pequeñas, ovales,duras y lustrosas, las flores rosadas en forma de campanas. Las bayas son unas diminutas esferas de color rojo vivo. Se usan las hojas en infusión como propiedad terapéutica. **Contraindicado en embarazadas y enfermos renales.**

- Ginkgo biloba, (Ginkgo, in english)

"Ginkgophyta", árbol originario de China, Darwin lo llamó "fósil viviente" El extracto de las hojas se considera un eficaz remedio natural, se utiliza en forma de infusión con 50 gramos de hojas secas en 500 mililitros de agua y se beben unas tres tazas por día. **No consumir las semillas, son muy tóxicas.** Existen pastillas y extractos, **el extracto en exceso puede provocar:** problemas en ... **Continúa...**

...
la piel y dolor de cabeza. **Contraindicado en embarazadas, lactantes, menores de 6 años, diabéticos, hipertensos, epilépticos, consumiendo AAS (aspirinas), medicamentos anticoagulantes o antes de una intervención quirúrgica.**

- Gladiolos, (Plural gladioli, in english)

"Gladiolus", originaria de la cuenca Mediterránea, Asia y África tropical, con más de 200 especies. Bella planta común en los entierros, se utiliza el rizoma. La infusión que se realiza al hervir en 350 gr. de agua, 5gr. de gladiolo, 5gr. de raíz de Regaliz y 5gr. de Helenio. Dejar en reposo aproximadamente 20 minutos, filtrar beber. **No se conocen** contraindicaciones, se **recomienda consultar** con el médico o especialista.

- Goji, (Chinese wolfberry, Himalayan goji or Red medlar, in english)

"Lycium barbarum", también conocido como Licio, originario del Himalaya, sus bayas son unos de los mejores alimentos para combatir el envejecimiento y más denso en nutrientes sobre el planeta tierra, por su amplio rango de fitonutrientes, antioxidantes, vitaminas, en sus diversas formas. **También** se puede tomar en jugos. **Mucho cuidado al comprar, que no lleve el conservante E-220, provoca:** diarreas, náuseas y dolores de cabeza. **No tomar con alergia al Polen.** Estudios advierten de la **posible interacción con Warfarina** y con el consumo de Goji al igual que los posibles **efectos secundarios con el medicamento Sintrom.** Consumir por las mañanas por su tendencia a provocar **insomnio.**

- Gordolobo, (Great mullein or Mullein, in english)

"Verbascum thapsus", conocida también como Verbasco, de origen europeo y norte de África. Planta muy característica, **de color verde apagado con rosetas de flores amarillas pequeñas** en una vara alargada de la planta, crece en cualquier lugar y sus **propiedades son muy reconocidas. Puede interferir** en medicaciones y **potenciar** la acción de **los anticoagulantes. Contraindicado el aceite esencial en personas con el tímpano roto. En cualquier modalidad en embarazadas, lactantes y en menores de 12 años.**

- Grama común, (Gras or Vilfa stellata, in english)

"Cynodon dactylon", hierba rastrera originaria de África y sur de Europa. Los jardineros la llaman "pasto del diablo", resiste al fuego igual que la caña de azúcar, sus hojas crecen verticalmente y son **tóxicas.** Para los tratamientos se utiliza el rizoma (parte subterránea). La infusión se realiza con un puñado de rizomas hervidos en 1 litro de agua, se puede mezclar con otras plantas aromáticas, para camuflar su sabor. **Contraindicada en embarazadas (abortiva) e hipertensos en tratamiento.**

- Grama de la botica, (Couch grass or Witch grass, in english)

"Agropyrum repens" subespecie de "Elytrichia repens", se localiza en los bordes de los caminos, perímetros de campos de cultivo y terrenos baldíos, vulgarmente se conoce como mala hierba, Su conocimiento es relativamente reciente, hasta entrado el siglo XVIII no se encuentra ninguna referencia a ella. La parte más utilizada es la raíz, compuesta por almidón, proteínas, azucares y grasas. Se utiliza como infusión, planta totalmente inocua. Se **recomienda consultar** con **el médico o especialista, si nos estamos medicando, ante posibles interacciones.**

- Granadilla, (Grenadia or Sweet granadilla, in english)

"Passiflora ligularis", planta trepadora de los Andes, domesticada en la época preinca. Tipo de maracuyá cuya pulpa está llena de semillas duras color negruzco rodeadas por un aro gelatinoso transparente de color gris claro y aromático sabor ácido, se recomienda **integrar al bebé** como uno de los primeros alimentos. **Como efectos secundarios por consumo excesivo podemos citar:** náuseas, vómitos, dolor abdominal y diarrea. **Contraindicado a los alérgicos, en personas diabéticas** (por su alto contenido en azúcares), **en hepáticos o con régimen dietético** (por su aporte calórico).

- Granado / Granada, (Pomegranate, in english)

"Punica granatum", originaria de Persia, se sabe de su cultivo desde hace al menos 5.000 años en Asia occidental. Su fruto entra en la simbología hebrea, cristiana y masónica. Fruta con un alto poder antioxidante, rica en vitaminas con múltiples beneficios medicinales. De la granada se usan las semillas, las flores, la corteza, etc., y en muchos casos se recomienda su zumo, que permite obtener sus propiedades fácilmente. Sea cual sea la forma de uso ... **Continúa...**

...

tomar al menos durante tres meses y valorar sus efectos. **Cantidades excesivas pueden llevar a:** náuseas, vómitos, dolor abdominal y diarrea, por la ingesta excesiva de las semillas o el jugo, pero rara vez persisten, desaparecen en un par de horas. **Evitar ingerir comidas aceitosas** junto con ella. **Personas con estreñimiento no deben abusar del zumo de granada. No consumir los alérgicos.**

- Graviola, (Soursop, Graviola or Guyabano, in english)

"Annona muricata", también conocida como Guanabaná, planta oriunda de México, Caribe, Centro y Sudamérica. Se utiliza toda la planta, hojas, frutos (parecidos a la chirimoya), flores, tallos, raíces y corteza. **Consumir la fruta con moderación,** empezar con una dosis mínima e ir aumentando cada día o semana. La parte con más "poder" son las hojas en infusión. **En altas dosis puede alterar la flora intestinal (estreñimiento o diarreas). Contraindicado en embarazadas y personas con problemas cardíacos o sanguíneos.**

- Grosella espinosa o Amla, (Indian gooseberry or Amla, in english)

"Phyllanthus emblica", originaria de India, el nombre Chiratya es un término indio. También conocida como Grosella espinosa india y Amalaki. Ensayos demostraron sus espectaculares beneficios para la salud, toda **persona sana o enferma la pueden ingerir diariamente** en prevención y tratamiento como fruta fresca o en conserva. **Existen** extracto seco, cápsulas, pastillas, las dosis habituales varían desde 400 mg. hasta 3 gr. día. Existe extracto fluido se toma entre 0,6 a 1 g. día. La habitual es infusión, realizar entre 30 a 60 gr. por litro de agua. **No se conocen** contraindicaciones, se **recomienda consultar** con el médico o especialista. Los **diabéticos** ver varios usos en el apartado Forma de usos de las plantas.

- Grosellero negro, (Blackcurrant, in english)

"Ribes nigrum", conocida también como Casis y Zarzaparrilla negra, es originario de Europa central y oriental. Con él se elaboran confituras, siropes o zumos. Las propiedades medicinales con fines curativos son las hojas y brotes en infusiones, también los frutos tanto ingeridos como en zumos, e incluso el aceite obtenido de las semillas. **Bajo prescripción y control médico como diurético y contra el ácido úrico, o ...** Continúa...

...

en presencia de hipertensión, cardiopatías, insuficiencia renal moderada o grave. **Contraindicado en embarazadas y la lactancia.**

- Guacima o Mutamba, (West Indian elm or Bay cedar, in english)

"Guazuma ulmifolia", árbol originario de América tropical, la corteza se desprende en pequeños pedazos. **La ingesta de grandes cantidades de diferentes partes de la planta puede provocar:** náuseas, vómitos y diarreas. **Administrar las dosis solo bajo prescripción médica.**

- Guar, (Guar or Cluster bean, in english)

"Cyamopsis tetragonoloba", planta de la familia de las leguminosas, originaria de la India y Pakistán. Se usa en la industria alimentaria como una buena fuente de fibra en muchos alimentos y productos, se caracteriza por ser un polvo blanco que no tiene olor ni sabor, **sin gluten.** Consumir espolvoreado en comidas, ensaladas o bebidas. **Se aconseja no abusar,** puede desencadenar efectos secundarios. **Consultar con el médico o especialista. Usar con precaución incluso sus derivados embarazadas, lactantes, personas con diabetes, o con problemas de esófago, úlceras.**

- Guaraná, (Guarana, in english)

"Paullinia cupana", originaria del norte de Brasil. **No se recomienda antes de dormir,** puede dar lugar ainsomnio. Es un tónico excelente, se venden en cápsulas y bebidas. **Contraindicado en embarazadas, consumiendo Efedrina, con enfermedades cardiovasculares, hipertensión, enfermedad renal, hipertiroidismo y trastornos de ansiedad y los menores de 6 años.**

- Guayacán o Guayaco, (Guaiac or Roughbark lignum-vitae, in english)

"Guaiacum officinale", de origen caribeño, su flor es la flor nacional de Jamaica. En **dosis alta** pasa de laxante a purgante, **no conviene consumir más de un día, consultar a un especialista.** Se encuentra en extracto, carece de efectos secundarios en la dosis recomendada. **Contraindicado en embarazadas, lactantes y personas con patología que involucre inflamaciones.**

- Guayusa, (Guayusa or Ilex guayusa treelet, in english)

"Ilex guayusa", árbol pequeño de la selva amazónica, lejanamente emparentado con la yerba mate. De sabor suave y aroma agradable, sus grandes hojas son ricas en cafeína y al mismo tiempo contienen L-teanina un aminoácido que transmite una sensación de agradable tranquilidad. La combinación de los dos crea un **estímulo suave y placentero,** normalmente en infusión, dejando las hojas tres minutos en agua caliente. Puede beberse fría o caliente, sola, con cítricos o especias, e incluso en la cocina integrada en distintos platos. **Contraindicado en embarazadas, durante la lactancia, en menores de 12 años, pacientes en tratamiento cardiaco, diabetes, glaucoma, gastritis, acidez, úlcera estomacal, ansiedad, insomnio, depresivo, alteraciones nerviosas, hipertensión.**

- Guggul, (Guggul or Indian bdellium-tree, in english)

"Commiphora wightii", originario de la India, donde sus propiedades medicinales son ampliamente usadas. El consumo regular **en dosis altas o periodo de tiempo** demasiado largo **puede generar** algunos **efectos secundarios como:** malestar estomacal, dolor de cabeza, náuseas y vómito. **Es más recomendable** el extracto al ser purificado evita los efectos secundarios. **Contraindicado en embarazadas, lactantes, personas con afecciones de hígado. Hay estudios contradictorios, usar después de consultar con médico especialista.**

- Guindilla, (Chili pepper, in english)

"Capsicum frutescens", subgrupo del pimiento "Capsicum annuum", originaria de México y América del Sur, descubiertas por Colón y popularizada en todo el mundo, de diferentes usos **de tradición popular. El abuso puede producir:** diarrea, gastritis, y dañar el hígado y los riñones. **Consumir con moderación las personas con úlcera o acidez de estómago, hepatitis, hemorroides y embarazadas.**

- Guisante, (Pea, in english)

"Pisum sativum", el origen del guisante verde está relacionado con Oriente Medio y Asia Central donde se cultiva desde el siglo VIII a.n.e, se extendió a Europa avanzado el II a.n.e. **Las personas que no pueden consumir productos lácteos, se recomienda su consumo con frecuencia.** ... **Continúa...**

...

Cruda es de un sabor delicioso y algo dulce. **Para evitar los problemas de gases** en determinadas personas, consumir en forma de puré. **No se conocen** contraindicaciones, se **recomienda consultar** con el médico o especialista.

Descripciones de plantas con la letra H

- Haba, (Broad bean, in english)

"Vicia faba", de origen desconocido se cree de Asia Menor desde hace más de 4.300 años según registros en palafitos Neolíticos, conocida por egipcios y griegos, se introdujo en Europa en el siglo XVI. Legumbre muy nutritiva y apreciada en la cocina, para comer es mejor mantener en remojo 24 h. y hervir 2 h., **no las enlatadas** ya que tienen un alto contenido de sodio. La infusión es otra forma de consumo, se prepara con 10 gramos de flores secas en ¼ litro, hervir 5 minutos, colar y beber varias tazas al día. Si se utilizan las vainas utilizar 20 gramos para esta preparación. **Como efectos secundarios puede producir:** gases o reacciones alérgicas (fabismo). **Contraindicada en menores de 2 años, pacientes con diarreas, gastritis, úlceras gastroduodenales, intestino irritable, colitis, enfermedad de Crohn, hipotensos, problemas renales, cáncer de mama.**

- Haronga, (Haronga or Dragon's blood tree, in english)

"Haronga madagascariensis", originaria de África tropical, Madagascar y Mauricio. Se utiliza principalmente la corteza del árbol y en raras ocasiones las hojas, se puede conseguir extracto de dicha planta. **Utilizar indicación profesional o prescripción médica para dosis exactas.**

- Harpagófito, Devil's Claw, in english)

"Harpagophytum procumbens", originaria del sur de África. Se utiliza troceadas las raíces secundarias tuberosas, el uso habitual es en infusión ingerida o en uso tópico como cataplasma o emplasto. Se encuentran extractos, comprimidos, cápsulas, cremas, pomadas, incluso la raíz troceada. **En casos muy puntuales puede aparecer:** síntomas de náuseas, diarreas o molestias gástricas. **Vigilar posible interacción con medicaciones antiarrítmicas. Continúa...**

...

Utilizar **después de las comidas y dosis según especialista,** pulverizado, en infusiones, extracto fluido o seco, tinturas, etc. Recomiendan la infusión: 4,5 g/300 ml. Tomar 100 ml cada 8 horas. Extracto fluido: 1:1 (g/ml) 1,5 ml cada 8 horas. Extracto seco: 400 mg-800 mg. al día. **Contraindicado en embarazadas, lactantes, pacientes con úlcera gastroduodenal y gastritis, obstrucción de las vías biliares y colon irritable.**

- Haya, (Beech or European beech, in english)

"Fagus sylvatica", árbol de gran parte de Europa, se emplean como remedios medicinales las hojas, corteza, frutos (hayucos), madera. Existe aceite de semillas prensadas para uso culinario y en pomadas. **La corteza irrita las mucosas,** hay que moderar su dosis en el uso interno, **solo bajo prescripción facultativa y nunca superior a 4 días. En uso tópico** utilizar entre **15 y 20 días máximo. Ingeridos los hayucos (semillas) en grandes cantidades pueden provocar:** intoxicación. **Contraindicado en uso interno en personas con úlceras gastroduodenales.**

- Helecho común, (Braken or Eagle fern, in english)

"Pteridium aquilinum", también llamado Helecho águila, planta presente en casi todas las zonas templadas del mundo, de escaso uso en la medicina tradicional y en la industria farmacéutica. Las hojas y raíces se utilizan en decocción, **solo unos días,** para tratar distintas afecciones. **Contraindicado en embarazadas (es abortiva), y en menores de 6 años.**

- Helecho polipodio, (Polypody, in english)

"Polypodium vulgare", se desarrolla en casi toda Europa. La zona de crecimiento más usual son los muros, bordes de rocas, troncos de árboles y sitios similares. Si se recolecta con fines medicinales se debe eliminar las partes verdes y secar a la luz del sol (almacenado en seco se puede conservar hasta 12 meses). El sabor de la raíz es dulce (contiene sacarosa), puede ser utilizada sin ningún inconveniente como edulcorante. El polvo de su raíz es muy efectivo, se deben tomar unos 3 gr. de polvo al día (distribuidos en las distintas comidas). La decocción es la forma más generalizada de usar. ...

...

No se conocen contraindicaciones, se **recomienda consultar** con el médico o especialista. La dosificación con contenido alcohólico **no utilizar en menores de 6 años,** ni con **problemas etílicos.**

- Helenio, (Elecampane, Elfdock or Horse-heal, in english)
"Inula helenium", muy común en Gran Bretaña, nativa de Asia Central, implantado en el resto del orbe. Una vez plantado es capaz de sobrevivir indefinidamente compitiendo con la flora local. Planta medicinal que puede utilizarse como recurso alimenticio o como ingrediente en la elaboración de licores. Se utiliza la raíz, hojas y flores. La raíz desprende un olor que recuerda al alcanfor. Es **frecuente la sensibilización alérgica por contacto**, siendo esta planta una de las de mayor potencia sensibilizadora, **incluso** se han descrito **reacciones tardías**. La forma habitual de uso es la infusión. **La sobredosis produce:** vómitos y dolor de estómago. **Utilizar sólo bajo prescripción y control médico:** como diurético, en personas hipertensas, con cardiopatías o insuficienciarenal moderada o grave. **Contraindicado la dosificación con contenido alcohólico en menores de 6 años, y en personas con problemas etílicos.**

- Herniaria, (Smooth rupturewort, in english)
"Herniaria glabra", originaria de las zonas templadas de Europa, Asia central y norte de África. Se utiliza toda la planta, la maceración en frio conserva todos los principios activos, recolectar en el mismo momento de la floración, es sumamente importante efectuar el secado y almacenamiento de la planta en frascos herméticos. Se utiliza la infusión de 60 gr. en litro de agua, hervir, colar y beber, se recomienda tres tazas diarias, se puede potenciar con otras hierbas. **Existen preparados específicos para cada afección. En sobredosis** pueden aparecer **paralizaciones centrales.**

- Hibisco, (Roselle or Carcade, in english)
"Hibiscus sabdariffa", también llamada Rosa de Jamaica, originario de Egipto y África tropical, toda la planta es utilizable, existen más de 200 variedades. Para realizar la infusión se recomienda entre de 1 y 5 cucharaditas de los cálices que rodean las flores, secas, en agua hirviendo. **Contraindicado en embarazadas, lactantes, personas en tratamientos de fertilidad, o contra el cáncer.**

- Hidrocotyle o Centella asiática,
(Centella, Asiatica pennywort, in english)

"Hydrocotyl asiática L", originaria de India y China, muy usada desde hace 3.000 años en Oriente, también conocida como Gotu Kola o Kola. Sus hojas secas o frescas y sus raíces son las que se usan con fines curativos. En general en 2 o 3 semanas de seguir el tratamiento se logran resultados muy buenos. **En dosis altas (por su aceite esencial) es:** estupefaciente y narcótica, presentando cefaleas, vértigo, hipertensión, insuficiencia respiratoria. **En uso tópico cuidado** las personas con hipersensibilidad cutánea. Hay varias presentaciones y formas como: infusiones, gotas, comprimidos, geles, lociones, jabones, cremas faciales y corporales, extracto en polvo. Incluso se puede consumir en platos de origen oriental. **Consultar con el médico o especialista ante posible interactuación con:** medicación de antidepresivos o benzodiacepinas. **Contraindicada en embarazadas (abortivo), en tratamiento de fertilidad, lactantes, menores de 6 años, diabéticos hepáticos, personas con el colesterol alto o insuficiencia renal.**

- Hiedra o Hiedra común, (Ivy, in english)

"Hedera hélix", es una planta trepadora de hojas perennes ampliamente utilizada con fines medicinales. Uno de los escasos supervivientes en Europa de la flora Laurisilva de la Era terciaria. **Puede producir:** sensibilización rinitis alérgica y síntomas de alergias tanto respiratorias como en la piel. **Sus frutos son tóxicos y pueden producir vómitos y diarrea.** La forma más usual de utilizar es en decocciones. **No se recomienda durante el embarazo y en lactancia. Existe una variedad venenosa "Toxicodendron radicans", americana.**

- Hierbabuena, (Spearmint, in english)

"Mentha spicata", originaria del Medio Oriente y Asia. En **menores de 6 años y embarazadas** puede producir **anemia** al inhibir la absorción del hierro. **En exceso puede causar daño hepático.** La forma de ingerir habitual es la infusión. **Mucha precaución:** los diabéticos, personas tomando antiácidos, ciclosporina, con hernia de hiato, de ERGE o enfermedad por reflujo gastroesofágico, medicados para el hígado o para la hipertensión.

- Hierba de los anteojos, (Biscutella auriculata, in english)

"Biscutella auriculata", originaria de la cuenca Mediterránea, crece en los bordes de camino y en márgenes de cultivos y olivares. Planta de curiosa forma de anteojos casi circulares. Se recolecta la planta entera, antes o iniciada la floración, después pierde todas sus virtudes terapéuticas, secar a la sombra y guardar bien seca para su posterior uso. Se toma en forma de infusión a partir de la planta ya desecada. **No se conocen** contraindicaciones, ni dosis establecidas, se **recomienda consultar** con el médico o especialista.

- Hierba de san Pedro, (Cowslip or Cowslip primrose, in english)

"Primula officinalis" o "Primula veris", originaria de Europa y Asia, comestible y como condimento. Recolectar después de su desarrollo completo. Posee un tallo con gran cantidad de vellosidades en toda su extensión y aroma bastante desagradable que se esparce de forma instantánea. La infusión es de sabor agradable, y muy buen bálsamo que puede ser administrado incluso en la infancia. **No contiene contraindicaciones** conocidas, se **recomienda consultar** con el médico o especialista.

- Hierbaluisa o Cedrón, (Lemon verbena, in english)

"Aloysia citriodora", arbusto originario de Sudamérica donde crece de forma silvestre, fue introducida en Europa en el siglo XVII. Se utilizan sus hojas en infusión. **Contraindicado en embarazadas, lactantes y personas con tiroides.**

- Higo chumbo / Tuna, (Fruit Pryckli pear, in english)

"Opuntia ficus-indica", originario de México y conocido como Tuna, fruto bastante desconocido en muchos países, difícil de recolectar y pelar. Se utiliza en la elaboración de diferentes productos de belleza como champú, cremas y geles por sus enormes cualidades medicinales. Existe un sirope de Tuna. **Precaución personas con infecciones urinarias. Contraindicado en personas con una ingesta de líquidos reducida, de patologías cardiacas o renales graves.**

- Higuera / Higo, (Fig tree/Fig, in english)

"Ficus carica", originario de Asia sudoccidental, desde la antigüedad se le atribuye virtudes medicinales a sus hojas y frutos. **El látex es tóxico para la piel.** La forma más habitual es la infusión. El higo **no es apto para diabéticos.** Su **consumo elevado** puede provocar **diarrea.**

- Hinojo, (Fennel, in english)

"Foeniculum vulgare", única en su género, originaria de la costa Mediterránea, crece en estado silvestre. **Contraindicado en pacientes con cáncer de mama o personas con hipertiroidismo. El aceite esencial es contraindicado en embarazadas, lactantes y menores de 6 años.**

- Hinojo marino, (Sea fennel or Rock samphire, in english)

"Crithmum maritimum", conocida como Perejil de mar, crece en rocas y pedregales de zonas costeras del Cantábrico, Atlántico y Mediterráneo. Las hojas tienen sabor fuerte, algo saladas, recoger cuando el color verde está en su máximo esplendor, se adoban con vinagre y se prepara con ellas exquisitas ensaladas. Es una **planta atóxica**, para remedios medicinales se emplea la infusión realizada con las hojas, un puñado de ellas se añade a una taza de agua hirviendo. Se toman 2 o 3 tazas al día. **Contraindicado durante los 3 primeros meses del embarazo.**

- Hisopo, (Hyssop, in english)

"Hyssopus officinalis", arbusto originario de las regiones mediterráneas. Desde la antigüedad se utilizan las flores para uso interno y tópico. La infusión se realiza poniendo un puñadito de flores en una taza de agua hirviendo. Dejar reposar y tomar tres tazas al día. **Contraindicado en embarazadas (abortivo), lactantes, menores de 12 años, pacientes epilépticos y atención especial en los enfermos bronquiales crónicos.**

- Hortensia, (Hydrangea, Smooth hydrangea o Wild hydrangea, in english)

"Hydrangea arborescens", género de plantas que incluye cerca de 100 especies de flores con distintos colores y tamaños. Son nativas del sur y este de Asia, y América, se sabe que fueron utilizadas por los Cherokees. En la medicina tradicional China se utiliza fundamentalmente las raíces. Se encuentra en polvos, raíces secas, tinturas. En Occidente se valora menos, científicos consideran que sus raíces benefician el sistema inmunológico a nivel antiinflamatorio y para el tratamiento de enfermedades como la Malaria. **Precaución** las personas con trastornos gastrointestinales. **Consultar con el médico** antes de utilizar **los diabéticos hipoglucémicos. Contraindicado en embarazadas y lactantes.**

Descripciones de plantas con la letra I

- Imperatoria, (Masterwort, in english)

"Peucedanum ostruthium", originaria de Europa central, crece en terrenos húmedos y bordes de arroyos, regularmente en montañas. Se utiliza con fines medicinales la raíz, bien limpia. **Se consume en infusión** con unos 15 gr. de raíz por cada medio litro de agua, hervir, reposar 5 minutos, colar y beber dos tazas diarias (una después de cada comida importante). **De efectos suaves**, puede ser reforzada con otras hierbas medicinales de mayor vigor medicinal. **Después del uso conviene no tomar mucho sol.**

- Incienso, (Salai guggul or Indian oil-barnum, in english)

"Boswellia serrata", también llamado Olíbano, originario de la India y del Punjab, arbusto muy ramificado, de su tronco se extrae la resina llamada Salai, utilizada como remedio tradicional de la medicina ayurvédica. **No es el conocido para quemar,** este que se describe es una resina que se comercializa. Existen unas 1.000 variedades de inciensos y 16 de la variedad Boswellia. Se vende el aceite esencial, pastillas o grageas. La cantidad recomendada es de 200 a 600 mg. al día en adultos **(mejor seguir indicaciones del fabricante o profesional). En cantidad produce como efecto secundario:** malestares gastrointestinales suaves. **Contraindicado durante el embarazo, (estimula la musculatura del útero).**

- Índigo o Añil, (Guatemalan indigo or Anil, in english)

"Indigofera suffruticosa", originaria del trópico americano, en Perú se distribuye en la costa y en la Amazonía, planta silvestre que crece desde el nivel del mar hasta los 1.100m., a las orillas de caminos, arroyos o riachuelos, asociada a vegetación de bosques tropicales caducifolio y perennifolio, matorral xerófilo y pastizal. **La sobredosis como purgante puede presentar diarreas severas y espasmos.** Considerada una **planta tóxica.** Se utiliza en polvo habitualmente, pero **es aconsejable** las pomadas ya preparadas. **Contraindicada en embarazadas y durante la lactancia.**

- Ispágula, (Ispaghul or Blond plantain, in english)

"Plantago ovata", originaria de Asia (India, Irán y Pakistán), en la zona mediterránea existen otras variedades de la misma familia, pero sin uso medicinal. **Utilizar solo bajo prescripción médica.**   **Continúa...**

...

En raras ocasiones provoca reacciones de hipersensibilidad, flatulencia, pesadez de estómago. **Contraindicado en caso de hipersensibilidad, estenosis esofágica o del tracto gastrointestinal, en los diabéticos con dificultades de ajuste de dosis de insulina, con dolor abdominal, náuseas, vómitos, obstrucción intestinal e impactación fecal.**

Descripciones de plantas con letras J - K

- Jazmín, (Jasmine, in english)

"Jasminum", flor aromática codiciada por su exquisito perfume, el té de jazmín es el más consumido en China desde hace siglos. Existen 300 variedades, algunas con flor amarilla. Se utilizan con fines terapéuticos las flores, principalmente en infusión con té verde, aunque puede hacerse con otros según el gusto. **Las embarazadas y en etapa de lactancia pueden consumir dosis moderadas de jazmín sin efectos secundarios** o perjudiciales. **Consumido en exceso, puede presentar efectos secundarios como:** ansiedad, insomnio, mareos, palpitaciones.

- Jengibre, (Ginger, in english)

"Zingiber officinale", originario de Asia y del este de USA, tubérculo de sabor picante, cubierto de una piel marrón. Una de las primeras especias exportadas de Oriente, llegó a Europa durante el comercio de especias y fue usado por los antiguos griegos y romanos. No sólo es una planta sensacional como medicina, también es un ingrediente muy utilizado en la gastronomía. Tradicionalmente ha sido y es una de las plantas más populares en la medicina tradicional china. Se puede utilizar espolvoreada, como ingrediente en los guisos o en infusión (de sabor picante). **Contraindicado en embarazadas, lactante, diabéticos, personas con cálculos biliares, gastritis, úlceras gastroduodenales, colon irritable, colitis, enfermedad de Crohn, consumiendo fármacos para la circulación sanguínea, anticoagulantes, hipertensión.**

- Judía o Alubia, (Bean and Green bean, in english)

"Phaseolus vulgaris", originaria de centro y sur de América, alimento muy útil, a pesar de su escasez en calorías. Es rica en una sustancia correctora de las alteraciones metabólicas. La principal aplicación es la alimenticia y un elemento fundamental en la base de la cocina popular de distintas regiones, **también** se puede utilizar **en uso tópico externo.** Cuando está en desarrollo (judía verde) aporta pocas calorías, sólo 50 por cada 100 gr. **La seca puede incluso reemplazar** en la alimentación a la carne pues en 100 gr. contiene de 330 a 350 calorías además de una cantidad notable de proteínas vegetales. **Contraindicado en personas con dieta de adelgazamiento, delicadas de estómago o de intestinos.**

- Kaki, (Kaki fruit, in english)

"Diospyros kaki", originario de China, se adapta muy bien en climas cálidos de cualquier. Aquí se trata su fruto por sus propiedades medicinales. **Contraindicado en pacientes con estreñimiento crónico o tras una cirugía digestiva, diabéticas u obesas, por su alto contenido en azúcares.**

- Kale, (Kale or Leaf cabbage, in english)

"Brassica oleracea var. Sabellica", también conocida como Col rizada, originaria de Europa del norte, lugar propicio para su cultivo al requerir clima frío. Es una verdura densa nutricionalmente. La porción de una taza tiene **más calcio que la leche, más hierro que la carne**, una gran cantidad de vitamina C, K y A. Se consume en ensaladas (es un poco dura, mejor cortar finamente), licuadas, en algunos guisos, al horno, con un toque de cayena o aceite de oliva, deshidratadas. **Consumir con moderación personas en medicación de anticoagulantes, o de colon irritable.**

- Kelp, (Kelp, in english)

"Laminariales", las algas marinas son un alimento natural muy completo que aporta muchos minerales y vitaminas, el **alga Kelp** es una de las mejores. De forma alargada y color amarillo verdoso, se desarrollan en aguas poco profundas, cerca de la superficie del mar donde les llega la luz del sol. Cuando más clara sea el alga, color más amarillento o pardusco significa que ha crecido en mayor profundidad. **No se** conocen **contraindicaciones**, se recomienda **consultar con el médico** o especialista.

- **Kiwi,** (Kiwi, in english)

"Actinidia deliciosa", originario de China, de los bosques del rio Yangtsé, de muchas propiedades debido a los nutrientes con múltiples beneficios. **Por su contenido de potasio, lo deben tener en cuenta personas de insuficiencia renal, o con dietas especiales controladas en este mineral.**

- **Kudzu,** (Kudzu or East Asian arrowroot, in english)

"Pueraria lobata", planta originaria de China, de sus raíces se obtiene un ingrediente sumamente popular en Japón, conocido como Kudzu, de textura delicada, **no contiene gluten,** ideal para celíacos y muy fácil de digerir. En la cocina se utiliza como espesante, una cucharadita equivale a dos cucharadas de harina de trigo o a una cucharada de harina de maíz, también se puede ingerir. **No se** conocen **contraindicaciones**, se recomienda **consultar con el médico** o especialista.

Descripciones de plantas con la letra L

- **Lágrimas de Job,** (Job's tears, in english)

"Coix lacryma-jobi var. ma-yuen", originaria del Este asiático, se ha utilizado durante siglos en la medicina popular para tratar múltiples dolencias, **incluso la viruela.** La investigación científica se ha llevado a cabo fuera de China y Corea, pero los resultados de esos estudios fuera de esos países están corroborando que las propiedades de la planta tienen beneficios para la salud. **Realizar la infusión entre** 6 a 12 gr., **solo bajo prescripción facultativa,** como dosis diaria, en forma de decocción y en varias tomas a lo largo del día. **Precaución, en sobredosis y durante largos periodos de tiempo puede provocar paro respiratorio. Contraindicada en embarazadas (abortiva).**

- **Lapsana,** (Nipplewort, in english)

"Lapsana communis", planta silvestre originaria de Europa, conocida por sus propiedades purificantes y relajantes. El nombre deriva del latín "lámpsana", significa purga. De sabor amargo similar al Diente de león, es utilizada, tanto cruda, cocida, en infusión, en mezclas de verduras y también en preparados. **Contraindicada en insuficiencia cardíaca y con uremia post-puerperal.**

- Laurel, (Laurel or Bay laurel, in english)

"Laurus nobilis", árbol originario de Asia Menor y cuenca Mediterránea, se puede utilizar como pomadas elaborada a base del aceite de sus hojas tras machacar y hervir hasta consumir el agua. Aplicar mediante fricción para alivio. Siempre diluido y en pequeñas cantidades. **Puede causar:** irritación y salir manchas al aplicarse sobre la piel. también se pueden elaborar esencias, tónicos e infusiones. **Contraindicado en embarazadas, tampoco utilizar su aceite (abortivo), lactantes.**

- Lechuga, (Lettuce, in english)

"Lactuca sativa", originaria de Asia, de hojas verdes brillantes en forma redondeada, existen diferentes variedades. La lechuga **se debe consumir fresca** para que aporte todas las propiedades que tiene. Las hojas **verdes** son las que contienen **mayor propiedad alimenticia,** las del interior con un color más claro aportan menos sustancias medicinales. Se puede consumir en zumo. **No consumir en grandes cantidades personas con problemas renales. Es sedante y puede afectar al rendimiento intelectual y físico, al ser consumida en exceso.**

- Lentejas, (Lentil, in english)

"Lens culinaris", una de las hortalizas más antiguas de la historia, eran cultivadas durante el 7.000 a.n.e. en Asia. De tamaños, colores y sabores dependiendo de la variedad a la que pertenezcan, entre ellas la roja, también conocida como la lenteja de Egipto, muy extendida en Oriente Medio, se vende normalmente sin piel (pelada) cuece en 2 minutos escasos. Son ricas en proteínas vegetales, como alternativa a los alimentos de origen animal al contener colesterol. **Se puede comer como plato principal en lugar de carne o pescado.** No contienen gluten, **excelente para celíacos.** Utilizar **con moderación personas que sufran de colitis,** en exceso puede aumentar la irritación de las membranas mucosas. **Contraindicadas en personas con problemas de gota, contiene purinas (aumenta el ácido úrico).**

- Lespedeza, (Roundhead bushclover or Roundhead lespedeza, in english)
"Lespedeza capitata", originarioa del este norteamericano, este y sur de Asia y Australia, conocida como Trébol japonés. De acción antioxidante siendo su utilización habitual la infusión que se realiza con una cucharada de postre por taza. 3-4 tazas/día. **El extracto fluido o seco y la tintura** se aconseja **consultar la dosis y forma de uso, al médico o especialista. No administrar formas de dosificación con contenido alcohólico a:** menores de 2 años, ni en personas en proceso de deshabituación etílica. **Administrar bajo prescripción y control médico en personas con:** hipertensión, cardiopatías, insuficiencia renal moderada o grave, diabéticas insulinodependientes. **Contraindicado en caso de insuficiencia renal grave, gastritis, ulcus gastroduodenal.**

- Levístico o Apio de monte, (Lovage, in english)

"Levisticum officinale", originaria de Asia central, extendida a los países ribereños del Mediterráneo occidental. Se utilizan principalmente las raíces (seco tiene un olor aromático) y en menor medida sus hojas, semillas y los tallos jóvenes en infusión, existe en tinturas. La planta fresca puede producir dermatitis de contacto (furocumarinas). Se puede utilizar como condimento culinario. Para realizar la infusión utilizar una cucharada de café por taza, hervir 5 minutos y tomar 2 o 3 veces al día. **La utilización de su aceite es contraproducente con insuficiencia renal. Puede ocasionar malestar y vértigos. Contraindicado durante el embarazo. Sólo por prescripción y bajo control médico como diurético en presencia de hipertensión, cardiopatías o insuficiencia renal.**

- Lilo, (Lilac, in english)

"Syringa vulgaris", arbusto conocido por su flor llamada Lila, las hojas, corteza y flores poseen los principios activos utilizados como remedios, en infusión. La corteza con de 30% en 1 litro de agua hirviendo, dejar reposar 5 minutos y beber de 2 a 3 tazas al día. Las flores son muy efectivas también preparando un té con un puñado por cada litro, es una planta amarga, se puede edulcorar. Consumir mínimo 4 días para que resulte efectivo, lleva algo más de tiempo para comprobar los beneficios que los tratamientos convencionales. **No se conocen** contraindicaciones, se **recomienda consultar** con el médico o especialista.

- Limón, (Lemon, in english)

"Citrus × limón", originario del nordeste de Asia, introducido en Europa a través de España por los árabes, es un fruto con múltiples propiedades sobre todo tomado en ayunas, es más digerible y menos perjudicial disuelto en agua. **En grandes cantidades podría ocasionar:** acidez, malestar estomacal, náuseas, dolor de cabeza, diarrea, afecta al esmalte dental exponiéndole a las caries (mejor beber con una pajilla). **Contraindicado durante los 3 primeros meses de embarazo, durante la lactancia, personas enfermas de gastritis, úlceras pépticas, anemia, raquitismo, desmineralización, descalcificación ósea, gingivitis, llagas y grietas en la boca o lengua.**

- Lino / Linaza, (Linen, Flax or Linseed, in english)

"Linum usitatissimum", originario de la región entre el Nilo, Tigris y Éufrates. Las semillas (Linaza), sirven para decorar panes y otros alimentos. Se comercializan molidas, en harina, capsulas, pastillas o tabletas. El sabor que aporta a cualquier alimento es similar al de una nuez. El consumo esporádico de una cucharada en ayunas es ideal para muchas dolencias. **Las embarazadas y en lactantes, solo bajo prescripción médica. Contraindicado en personas con problemas de colon irritable.**

- Liquen de Islandia, (Iceland moss, in english)

"Cetraria islándica", popularmente se conoce a este liquen con el nombre de musgo de Islandia. Botánicamente no se trata de un musgo y tampoco crece en exclusividad en esa isla del norte europeo, se puede encontrar en países con temperaturas frías, localizándose sobre la tierra, junto con musgos, en zonas boscosas poco espesas de montañas y en determinados prados. **Contraindicado en personas con úlcera gastroduodenal,** forma de uso **VII.**

- Lirio o Lirio común, (Bearded iris, in english)

"Iris germánica", llamado Lirio común o Lirio versicolor, originario del Mediterráneo, su rizoma es oscuro y grueso, de flores violáceas o blancas de gran tamaño y muy aromáticas. Para uso medicinal se emplean los bulbos en infusión a razón de media cuchara pequeña por cada taza de agua, sin sobrepasar la dosis diaria de 3 g. **Puede producir:** dermatitis de contacto en personas sensibles ... **Continúa...**

...

y afecciones estomacales. **En dosis altas es un purgante drástico y emético. Antes de usar** es **recomendable consultar con el médico o especialista.**

- Llantén, (Broadleaf, in english)

"Plantago major", también conocida como Llantén mayor o Hierba estrella, originaria de Europa, norte y centro de Asia, de hojas grandes y verdes, se usa la hoja en infusión o su jugo. La semilla se puede espolvorear en comidas o ensaladas. La raíz es un poderoso remedio contra el veneno de la serpiente de cascabel. **Contraindicado en embarazadas (abortivo), personas alérgicas al melón o con hipertiroidismo.**

- Llantén acuático, (Water-plantain or Mad-dog weed, in english)

"Alisma plantago-aquatica", originaria del hemisferio norte, crece a orillas de ríos, charcas y lagunas, hasta 1.200 m. de altitud, en España rara en la mitad sur. **No utilizar** en grandes cantidades. **No se conocen** otras contraindicaciones, se **recomienda consultar** con el médico o especialista.

- Lombarda, (Red cabbage or Purple cabbage, in english)

"Brassica oleracea var. capitata f. rubra", es una variedad de col y generalmente un producto invernal. Para obtener sus propiedades medicinales se puede ingerir en zumo, cruda o cocida, en esta última forma lo ideal es realizar su cocimiento de aproximadamente 40 minutos a fuego lento para que no pierda sus vitaminas y nutrientes. **Contraindicado en embarazadas, lactantes (puede desarrollar cólicos en los bebés), personas con hipotiroidismo o hipotensos.**

- Lúpulo, (Hops, in english)

"Humulus lupulus", originaria de Europa, Asia occidental y Norteamérica, es una planta que se reconoce fácilmente por la particularidad de ser trepadora cuyos tallos se enrollan siempre hacia la derecha, crece cercana a los ríos o zonas con humedad. En algunas personas **las flores pueden causar dermatitis por contacto.** Para los remedios medicinales se puede utilizar ingerida o en uso tópico la infusión de flores o granos, también en zumo **En dosis excesivas puede provocar:** náuseas y vómitos. **Las embarazadas y lactantes, antes de consumir, consultar con el médico o especialista.**

Descripciones de plantas con la letra M

- Magnolia, (Southern magnolia or Bull bay, in english)
"Magnolia grandiflora", árbol originario de China, hay registros de varios miles de años. Para los remedios se emplea principalmente la corteza, las flores en ocasiones. **Utilizar extractos ya elaborados** que, junto a los suplementos incluidos, son extremadamente potentes. **En grandes dosis causa:** vértigo, mareos y dolores de cabeza. **La corteza puede causar:** parálisis respiratoria en animales y en menores de 12 años. **Contraindicado en embarazadas, menores de 12 años, personas con insuficiencia hepática, de bazo o estómago.**

- Mahonia, (Oregon grape, in english)
"Mahonia aquifolium", llamada Uva de Oregón, su flor es símbolo de Oregón, crece en las **montañas** de la costa oeste de USA y sur de Canadá. Sus hojas son semejantes a las del Acebo, con flores de color amarillo vivo, dan racimos de bayas que parecen uvas. Se utiliza la raíz y rizoma en infusión o en batidos. **Contraindicado en embarazadas, lactantes, menores de 12 años y personas con enfermedades hepáticas o renales.**

- Maíz / Choclo, (Maize or Corn and Corn beard, in english)
"Zea mays", su uso proviene de las culturas americanas precolombinas desde hace 10.000 años, se introdujo en Europa en el siglo XVII. Aunque existe evidencia en Edimburgo - Escocia (donde se rodó parte del Código da Vinci, en la Capilla Rosslyn o Rosslyn Chapel, construida por los templarios en 1446), donde aparecen esculpidos un cactus y mazorcas de Maíz, años antes de llegar Colón a América. Junto al arroz son los cereales más consumidos en el mundo. También se utiliza como remedio las barbas de la mazorca (Barbas de choclo). Su proteína **no contiene gluten.** Sus hidratos de carbono son altos, componiéndose mayoritariamente de almidón. El maíz es muy bajo en grasa y su mayoría es poliinsaturada. Su contenido en fibra destaca por ser fibra soluble. **Personas con hipertiroidismo, bocio o nódulos tiroideos deben moderar su consumo.**

- **Malva,** (Mallow or High mallow, in english)

"Malva sylvestris", de origen europeo, suele encontrarse siempre en solares abandonados, bordes de caminos y en los alrededores de las casas de campo. Sus hojas son parecidas a las del Geranio, que de hecho es un híbrido de la Malva. Sus frutos, que recuerdan una pequeña calabaza de alrededor de 1 cm de diámetro, son comestibles cuando están verdes. **Como efectos secundarios puede producir a ciertas personas:** dolor de vientre, gases, colitis, estreñimiento, dolor de estómago. **Contraindicada en embarazadas y durante la lactancia.**

- **Malvarrosa o Malva Real,** (Hollyhock, in english)

"Alcea rosea", herbácea anual de tallo áspero y ramoso, puede llegar a los 2 metros de altura; sus hojas suaves al tacto, opuestas y pecioladas; de flores moradas, grandes y pedunculadas; el fruto es seco y con muchas semillas. Para fines terapéuticos se utilizan las hojas y flores. **Precaución por posible interacción con otros medicamentos**, se **recomienda consultar** con el médico o especialista.

- **Mandarino/a,** (Tangerina, Mandarin or Mandarine, in english)

"Citrus reticulata", proviene de Indochina y de China, se consume su fruto llamado mandarina. Los ingleses la denominaron Tangerina por provenir del puerto Tánger, origen de su introducción en Europa. **Contraindicado en personas que sufran gastritis, colon irritable, acidez de estómago, hernia de hiato o dolencias renales.**

- **Mango,** (Mango, in english)

"Mangifera indica", árbol originario de la India e Indochina, su fruto se ha convertido en uno de los ingredientes más populares del mundo por sus diversas propiedades beneficiosas para el cuerpo humano. **Contraindicado en personas que sufren de trastornos renales y en diabéticos (debido a su alto contenido de azúcar).**

- **Mango africano,** (Wild mango or African mango, in english)

"Irvingia gabonensis", de zonas lluviosos de África central y cultivado en Costa de Marfil, Ghana..., usado durante miles de años por los nativos africanos. Posee una combinación especial de polifenoles, minerales y vitaminas, que influyen de manera más que beneficiosa en el sistema endocrino. **Consultar con el médico o ...**

...
especialista: mujeres en lactancia y personas diabéticas. **Contraindicado en embarazadas, alérgicos a la vitamina B, ácido láurico, palmítico, mirístico).**

Manzana, (Apple, in english)

"Malus domestica", planta domesticada hace más de 15 mil años, de origen caucasiano a orillas del Mar Caspio, introducida en Europa por los romanos. Es una de las frutas más completas y nutritivas. Se están realizando estudios sobre las semillas como anticancerígenas con resultado sorprendentes y beneficiosas contra todo tipo de cánceres. **Las contraindicaciones de las manzanas son principalmente por su mal consumo,** al ser muy verdes, sin masticar bien o mal lavadas. **Las manzanas ácidas son perjudiciales para**: personas que sufren de estreñimiento, estrechez uretral y afecciones graves del estómago por el exceso de ingestión (peor si no están lo suficientemente maduras). **Las manzanas agrias están contraindicadas para personas con úlcera de estómago.**

Manzanilla, (Chamomile, in english)

"Chamaemelum nobile", conocida como Manzanilla común o Manzanilla romana, es originaria de Europa, hierba aromática anual que puede alcanzar hasta los 60 cm. de altura. Crece en tierras cultivadas, en terrenos arenosos y baldíos. El uso habitual es la infusión ingerida o de uso tópico, existe aceite esencial. **Contraindicado el aceite esencial en embarazadas (abortiva), en menores de 6 años. No debe ser mezclado con alcohol.**

- Maqui, (Maqui or Chilean wineberry, in english)

"Aristotelia chilensis", crece en las laderas del sur de Chile y regiones adyacentes de Argentina, con flores de color blanco verdoso que producen una fruta comestible (la baya maqui), es considerado el fruto con más antioxidantes del mundo. Se comen como alimento o se beben en forma de jugo, también se venden en cápsulas. **No se conocen** contraindicaciones, se **recomienda consultar** con el médico o especialista.

- Maracuyá, (Passion fruit, in english)

"Passiflora edulis", trepadora originaria de Centroamérica, Sudamérica y sobre todo en Brasil. Planta de fruto llamado Maracuyá, la variedad amarilla es más rica en minerales y en vitamina A que la morada. Fruto con una cantidad elevada de hidratos de carbono, y muy elevado aporte calórico, por la cantidad de azúcar (13%). La cáscara es lisa y rugosa cuando madura. Su pulpa es gelatinosa, viscosa de color amarillo y de un sabor ligeramente ácido, muy aromático. Está llena de semillas duras y crujientes de color negro. **Los diabéticos deben limitar su consumo.**

- Marrubio, (Horehound or White horehound, in english)

"Marrubium vulgare", originaria de Eurasia y norte de África, planta con numerosas vellosidades que despiden un agradable aroma muy parecido a las Manzanas. Crece de forma silvestre en lugares abandonados o a lo largo de los bordes de las carreteras o caminos, pie de muros, terrenos baldíos, entre escombros, etc. Se utilizan las hojas y las ramas en infusión que se prepara al hervir una taza en agua y verter una cuchara pequeña de Marrubio y algo de Menta unos 3 minutos más. Reposar unos minutos, colar y beber en seguida, dos o tres tazas al día 10 minutos después de las comidas. También se venden en cápsulas y tintura. **Contraindicado en embarazadas.**

- Mastuerzo, (Garden nasturtium, in english)

"Tropaeolum majus", originaria de Sudamérica, planta perenne, rastrera y trepadora llamativa por sus flores, se usa para ornamentar jardines. En Europa se ha aclimatado en zonas costeras como silvestre. Los tallos son carnosos y ramificados, las hojas de color verde y las flores pueden ser de color amarillo o rojo, se utiliza toda la planta. **Contraindicado en personas con hipotiroidismo.**

- Mastuerzo marítimo, (Sweet alyssum or Sweet alison, in english)

"Lobularia marítima", también conocido como Aliso de mar, crece en zonas pedregosas y secas próximas a la costa, En la Península falta en muchas zonas del interior y en la cornisa cantábrica. Se caracteriza por echar siempre flores; de ahí su nombre catalán de sempre-en-flor, es fácil de reconocer entre otras especies. Interesa principalmente las flores, aunque se puede utilizar la totalidad de la planta en infusión, se prepara con unos 30 gr. de la hierba, previamente desecada, añadir a 1 litro de agua hirviendo, ...

...
pero retirar inmediatamente. Se puede tomar templada o fría, edulcorada al gusto. No existen requisitos especiales en cuanto a la cantidad a tomar. **No se conocen** contraindicaciones, se **recomienda consultar** con el **médico** o especialista.

- Mate, (Yerba mate, in english)

"Ilex paraguariensis", originaria de Sudamérica, concretamente de la cuenca del Paraná y afluentes del río Paraguay. Se consume principalmente preparando una infusión. **A dosis altas es estupefaciente y narcótica**, presentando cefaleas, vértigos, hipotensión, insuficiencia respiratoria. El aceite esencial parece ser el principal responsable de la toxicidad de esta planta. **Contraindicado en menores de 12 años, embarazadas, lactantes, pacientes con tratamiento cardiaco, diabetes, glaucoma, gastritis, acidez, úlcera estomacal, ansiedad, insomnio, depresivo, alteraciones nerviosas, hipertensión.**

- Melisa, (Lemon balm or Melissa, in english)

"Melissa officinalis", con distintos nombres vulgares Hierba de limón, Toronjil, planta endémica de la costa mediterránea, aromática, con cierto olor a limón, el uso más común es la infusión. **Dosis inadecuadas puede producir:** gastroenteritis, náuseas, vómitos y dolor abdominal. **No simultanear con:** antidepresivos de síntesis, antihistamínicos, narcóticos u otros sedantes. **Contraindicado el aceite esencial por vía oral. Contraindicado en personas con hipotiroidismo.**

- Melisa bastarda, (Bastard balm, in english)

"Melittis melissophyllum", única en su especie, es originaria del sur de Europa en la Península aparece principalmente en la mitad norte. Sus propiedades son similares a la Melisa - Hierba limón, pero muy superada por esta.

- Melón, (Muskmelon or Melon, in english)

"Cucumis melo", se cree que es de Asia Central, otros afirman que de África. Crece en climas cálidos no muy húmedos y con mucha luz. Existen muchas variedades: **Piel de sapo (el más común,** de corteza, verdosa y rugosa, pulpa color blanquecina)**, Galia (**piel algo rugosa de un color amarillo-verdoso y con estrías, pulpa de ...**Continúa...**

...

color blanco-amarillento), **Amarillo, Cantaloup o francés** (piel algo rugosa de un color verdoso, pulpa anaranjada), **Honeydew (**pulpa de color verde o anaranjada). **Tendral** (corteza verde oscura), **Rochet** (pulpa de color blanco-amarillento). **Contraindicado el consumo en exceso, en embarazadas, durante la lactancia, menores de 6 años, pacientes con diabetes, o personas con problemas vesiculares, anorexia, estrés, ansiedad.**

- Melón cantalupo o francés, (Cantaloupe or Spanspek, in english)

"Cucumis melo cantalupensis", crece de forma natural en Asia y África desde hace más de 4.000 años. Francia es el principal país productor de esta variedad, por ello que se le conoce como Melón francés, pulpa color anaranjado y muy perfumado. En algunos países a los invitados se les recibe con este melón, muy frío espolvoreado con azúcar y jengibre. **No se conocen** contraindicaciones, se **recomienda consultar** con el médico o especialista.

- Menta, (Mint, in english)

"Mentha", planta milenaria que se encuentra en todos los continentes, existen unas 18 especies, según zonas. Es parecida a la hierbabuena y compuesta fundamentalmente por agua, fibra, proteínas, minerales, vitaminas y aminoácidos. A partir del aceite esencial de Menta se extrae el Mental, un tipo de alcohol descubierto hace miles de años en Japón, con él se elabora el Mentol o Pippermint. **No abusar del consumo de Mentol, empeora los síntomas en personas con:** úlceras digestivas, hernia de hiato **o** acidez estomacal. Normalmente se comercializa la **Menta piperita,** un híbrido estéril obtenido del cruce de la Menta acuática y la Hierbabuena, pero con las mismas propiedades que la Menta. **Contraindicado los aceites esenciales (Mentol) en embarazadas y lactantes, personas hepáticas, colitis ulcerosa o diarrea.**

- Miel, (Honey, in english)

Otra excepción de este libro sobre plantas al ser un fluido dulce y viscoso producido por las abejas y alimento aconsejado a la hora de reforzar nuestro sistema inmunológico que, por sus cualidades antibacterianas y antimicrobianas es una opción natural excelente. **No adecuada para:** diabéticos, ni personas con una dieta para perder peso, o desean controlarlo, (hay excepciones). .... **Continúa...**

...

Contraindicado en menores de 1 año, puede contener esporas, y causar Botulismo o Alergias.

- Morera negra / Mora negra, (Black mulberry, in english)

"Morus nigra" Las propiedades terapéuticas de este árbol tan familiar residen en las hojas, en la raíz y en la corteza. Se da preferencia a los frutos de la variedad "nigra", contiene gran cantidad de azúcar, sal, ácidos, pectina y goma. **No se conocen** contraindicaciones, se **recomienda consultar** con el médico o especialista.

- Moringa, (Moringa or Drumstick tree and Ben oil tree, in english)

"Moringa oleífera", nativa de India, crece en países subtropicales del continente asiático y africano. Se utilizan sus hojas, vainas, semillas, aceite, flores, raíces, ramas y corteza tanto para consumo alimenticio como para recuperar y mantener la salud debido a sus cualidades terapéuticas. Se comercializa en polvo, tés, hojas secas, aceites. Se puede preparar infusiones con las hojas, también incorporar el polvo en zumos y sopas o usar el aceite en ensaladas. **Para evitar excesos en cualquier uso, consultar con especialista** y respetar la dosis diaria recomendada. **Consumir antes o después de las comidas** para evitar acidez y diarreas. **Consumir 4 h. antes de acortarse,** produce insomnio. **Contraindicada en embarazadas, e hipoglucémicos (por shock insulínico, en diabéticos en tratamiento con insulina).**

- Mostaza o Mostaza blanca, (White mustard, in english)

"Sinapis alba" o "Brassica alba", originaria del Mediterráneo, las semillas y las hojas poseen los principios activos y las cualidades medicinales. Existen preparados para los distintos fines, pero se puede consumir la semilla directamente o espolvoreando en las comidas y en infusiones. También existe **mostaza dulce,** para acompañar en las comidas que pueden consumir los más pequeños. **Contraindicado en personas con inflamación y molestias de intestino, urinarias y de estómago. En uso tópico puede generar inflamaciones en la piel.**

- Mostaza silvestre,

(Field pepperweed or Field pepperwort, in english)

"Lepidium campestre", originaria de Norteamérica y Europa, puede ser encontrada en forma natural en los bordes de caminos. Las flores presentan en ramilletes de color blanco. Se aprovecha de esta planta al momento de su recolección con fines medicinales son las hojas y las semillas. Existen distintas formas de consumo para la mostaza silvestre. La más difundida es el uso en ensaladas comunes. Se puede la realizar un **cocimiento** de **mostaza silvestre** preparando unos 25 gr. de hojas cada medio litro de agua que se vaya a preparar. Después de hervir 15 minutos se deja reposar y se filtra. Para conseguir todos sus beneficios como diurético se recomienda tomar una taza después de cada comida **No se conocen** contraindicaciones, se **recomienda consultar** con el médico o especialista.

- Musgo de agua, (Water moss or Antifever fontinalis moss, in english)

"Fontinalis antipyretica", en todos los continentes crece bajo el agua fría, transparente y limpia, pueden ser charcos o lagunas. Rara vez se desarrolla en aguas estancadas, turbias o contaminadas. En verano está en la etapa de reproducción, sus principios activos son más fuertes por lo que es el mejor periodo para usarlo. **No se conocen** contraindicaciones, se **recomienda consultar** con el médico o especialista.

Descripciones de plantas con las letras N - Ñ

- Nabo, (Turnip, in english)

"Brassica rapa subsp. rapa", varias especies de tubérculos originarios del norte de Europa y Asia, hortaliza útil para el sistema digestivo ayudando a su vez a la hora de mejorar el tránsito intestinal (adecuado especialmente en caso de estreñimiento ocasional) por su contenido en fibra y agua. **No consumir en grandes cantidades en la etapa aguda de la enfermedad del tracto gastrointestinal, úlceras gástricas y duodenales, personas hepáticas o con colecistitis.**

- Naranjilla o Lulo, (Naranjilla, in english)

"Solanum quitoense", planta y fruta típica de los Andes, crece de forma espontánea, fruto similar a un tomate amarillo redondeado, pero su pulpa es verdosa normalmente y de sabor ácido. Cuando ...

...

está madura puede procesarse con su cáscara, lo cual aumenta el nivel de beneficios para el organismo al aprovecharse los minerales y la fibra contenidos en su parte externa. Normalmente suele consumirse fresco o en jugo, sus múltiples propiedades influyen positivamente en el organismo, **consumir recién realizado el zumo,** a las pocas horas puede fermentar y ser menos saludable. **Mucha precaución y prudencia en personas que sufren de úlceras gastrointestinales.**

- Naranjo amargo, (Bitter orange or Seville orange, in english)
"Citrus aurantium", especie más perfumada de las 15 que comprende el género Citrus. Las flores se utilizan en cosmética (agua de Azahar), la corteza para la elaboración del "Licor de Curaçao", el fruto para la fabricación de mermeladas y las hojas para la elaboración de infusiones. **Puede producir efectos adversos cardiovasculares, en la frecuencia cardiaca, en la presión sanguínea,** potenciados por la cafeína, por lo que no es conveniente su consumo conjunto. **El zumo puede provocar migrañas en personas sensibles a las mismas.** Se utilizan los frutos, ingeridos o externamente, las hojas, flores en infusión, también su aceite esencial, llamado Neroli (ver descripción). **Administrar el zumo con mucha precaución en:** embarazadas y menores de 2 años, nunca exceder las cantidades indicadas. **Contraindicado en personas con: hipertensión severa, diabetes mellitus, glaucoma e hipertrofia prostática, en tratamiento con IMAO** (antidepresivos inhibidores de la enzima Mono Amino Oxidasa), y **simultanear con medicamentos que contengan:** Ciclosporina.

- Naranjo dulce, (Orange or Sweet orange, in english)
"Citrus sinensis", se cree originaria de China y Japón, se cultiva en países de clima templado. Existe una variedad muy curiosa, la Naranja sanguina (pulpa y zumo de color rojizo como la sangre). **El consumo de la naranja dulce en zumo o directamente tiene muchísimas propiedades.** Sus hojas frescas **hervidas durante cinco minutos** poseen sustancias que ayudan a mejorar nuestra salud. **Personas que noten que les produce gases,** tomar sólo el zumo y hacerlo fuera de hora o diez minutos antes de las comidas. **Contraindicado en personas con estómagos muy delicados.**

- **Nectarina,** (Nectarine, in english)

"Prunus persica var. Nucipersica", fruta del árbol originario de China, Afganistán e Irán. Es una variedad del melocotón, la diferencia está en la piel, en lugar de aterciopelada es lisa y brillante y sabor más ácido que él. **Contraindicado el jugo para los diabéticos.**

- **Nenúfar,** (Water lily or Nymphaea, in english)

"Nymphaea", género con 3 familias y unas 15 especies, el Nenúfar es de la misma especie que el Loto, pero diferentes, mientras el Nenúfar está en reposo sobre el agua, el Loto parece emerger de ella. Utilizada desde la antigüedad desde Oriente a Occidente, crece en zonas de aguas estancadas o arroyos sin corriente y de poca profundidad. Se la encuentra en el sur de Europa y el norte de África. Existen pomadas, aceites y extractos de nenúfar, se utilizan por sus propiedades curativas, la raíz y las flores, en infusión. **Contraindicada en embarazadas, lactantes, y menores de 12 años.**

- **Nevadilla,** (Paronychia plant or Silver nailroot, in english)

"Paronychia argentea", originaria de la cuenca del Mediterráneo, crece en roquedales de zonas marítimas donde hay piedras, arena y abundante agua. Conocida con el nombre popular de sanguinaria menor. Se utiliza las infusiones en uso tópico en cataplasma, emplasto o ingerida. **No se conocen** contraindicaciones, se **recomienda consultar** con el médico o especialista.

- **Níspero,** (Loquat, in english)

"Eriobotrya japónica", originario de China, se cultiva desde hace más de 1.500 años, la primera fruta de la primavera y por sus propiedades terapéuticas se puede considerar medicamento. Existe a la venta el extracto de sus hojas. **Consumir con moderación las personas de colon irritable. No consumir las semillas son muy tóxicas.**

- **Nogal / Nueces,** (Walnut tree / Nut, in english)

"Juglans regia", árbol de origen europeo, del árbol **brotan flores tanto femeninas como masculinas.** Se utiliza consumiendo el fruto o la infusión de las hojas. **La hoja aplicada tópicamente en la piel puede causar:** acné, eccema, úlceras y otras infecciones de la piel. **También pueden conducir a:** la sudoración excesiva de las manos y los pies. **Aplicado asiduamente puede causar:** cáncer de los labios, al contener una sustancia llamada "Jugione". **No consumir en ...**

...

exceso las nueces si se está siguiendo una dieta, al ser rico en grasas, siendo ideal para coger peso. **Consumidas en exceso puede causar:** erupciones cutáneas e hinchazón en todo el cuerpo, así como náuseas, dolor de estómago y diarreas, en personas sensibles. **Contraindicadas las esencias y suplementos por vía oral en embarazadas, lactantes, personas con gastritis o úlceras duodenales o en tratamiento con medicación. Contraindicada la nuez, como un alérgeno, inseguro para las mujeres embarazadas, lactantes, asmáticos.**

- Nogal americano o negro, (Eastern black walnut, in english)

"Juglans nigra", de origen norteamericano, es un árbol que fue utilizado en medicina herbal indígena por siglos, introducido en Europa en 1629, se utiliza para suavizar la piel; su corteza posee poderosas propiedades astringentes. Se utilizan sus hojas en infusión. También existen cápsulas (**se aconseja seguir indicaciones,** recomiendan tomar dos capsulas de 500 mg. tres veces al día, preferiblemente con las comidas). **Contraindicado en embarazadas, lactantes, enfermos de hígado, riñón, gastrointestinales, medicamentados para la presión arterial, o con tos acompañada de fiebre.**

- Noni, (Noni or Great morinda, in english)

"Morinda citrifolia", fruto parecido a la mora blanca de un árbol pequeño originario de las islas polinesias y sudeste asiático, utilizado por los nativos para curar la mayoría de sus enfermedades, se consume directamente o en zumo. **Contraindicado en embarazadas, lactantes, personas trasplantadas, afectados de insuficiencia cardiaca, que tomen anticoagulantes orales, con control de potasio en su dieta y enfermos renales terminales.**

- Nuez de Cola, (Bitter kola or Garcinia kola, in english)

"Garcinia kola", planta originaria de África, similar a la oriental, su fruto es la Nuez de Cola (Kola amarga), fruto con diversas propiedades y usos. Se puede consumir en infusiones, solas o con miel, masticada directamente, licuada como refresco o pulverizada. **Sus efectos secundarios podrían ser:** nerviosismo, insomnio, dolores de cabeza.   ... **Continúa...**

...

Mucha precaución si se padece de: taquicardia, hipertensión, úlceras gástricas, insomnio o dificultad para conciliar el sueño. **Contraindicado en embarazadas, durante la lactancia, y en menores de 12 años.**

- Nuez Moscada, (Nutmeg, in english)

"Myristica fragrans", originaria de las Islas de las especias (Las Molucas - Indonesia), la introdujeron los árabes en Europa en el siglo XI. **Su aceite esencial es venenoso**, usado en cosméticos, uso tópico solamente, y en los alimentos solo para aromatizar. **Se recomienda no pasar de 1 cucharadita diaria en su uso, es potencialmente venenosa. Evitar** el tratamiento **en periodos largos** para cualquier remedio. **Contraindicado en embarazadas (abortivo), lactantes, menores de 12 años y personas con patologías hepáticas.**

- Ñame silvestre, (Yam, in english)

"Dioscorea alata" o "Discorea esculente", originaria de África y sur de Asia, se cultiva desde hace miles de años. **Considerada para tratamientos de enfermedades femeninas, casi total.** Tubérculo que puede pesar 70 kg. y alcanzar 1,5 m. de longitud. Se utiliza la raíz y el bulbo en capsulas, extractos o cremas, siendo el uso más habitual en cápsulas, seguir indicaciones del especialista. **Contraindicada durante el embarazo o sospecha, en lactancia, menores de 6 años. Mujeres con cáncer de mama, endometrio útero, o miomatosis uterina.**

- Ñora, (Nora pepper, in english)

"Capsicum Annuum", de origen Mesoamericano y cultivado desde hace 6.000 años, introducida en España por Colón en 1493, es una de las 5 variedades más populares de pimientos comestibles, de color rojo y achatado. Verde en un comienzo, que va pasando por el color amarillo y naranja a medida que va madurando hasta llegar al rojo brillante. En su interior posee muchas semillas, lo más característico es su sabor dulce con un toque picante muy agradable, de aroma intenso y penetrante. Ingrediente muy utilizado en diferentes gastronomías. **Personas con enfermedades inflamatorias articulares, reuma, artritis, etc., deben limitar su consumo.**

Descripciones de plantas con la letra O

- Olivo, ver también Aceite de olivo,

(Olive, see Olive oil, in english)

"Olea europaea", desde la antigüedad se aprovechaba su madera y fruto (aceituna), también las propiedades curativas de la corteza y hojas. Se utilizan ambas en infusión para uso interno. **La corteza solo utiliza en uso tópico.** Las hojas en preparados inyectables o por vía intravenosa reduce la presión arterial y dilata las arterias coronarias que rodean al corazón. **Efectos secundarios posibles:** irritante para el epitelio gástrico, ingerir solo en comidas, las personas con problemas gástricos. **Contraindicado en embarazadas (efectos desconocidos).**

- Ombligo de Venus, (Navelwort, in english)

"Umbilicus rupestris", conocida también como "ombliguera", se encuentra en la cuenca Mediterránea, Portugal, Irlanda, Gran Bretaña y Bulgaria. La base de esta especie es bastante gruesa y en su parte inferior condensa una gran cantidad de rabillos y hojas lampiñas. Crece en sitios con bastante sombra (especialmente entre muros). Se debe utilizar esta planta en estado fresco, empleando solo las hojas o la planta entera (tallo con hojas). **No se conocen** contraindicaciones, se **recomienda consultar** con el médico o especialista.

- Onagra, (Evening primrose or Sundrops, in english)

"Oenothera biennis", existen unas 140 especies, originaria de Norteamérica, los indios nativos la usaron con fines nutricionales y medicinales. En el siglo XVIII, los europeos la consideraban como una hierba milagrosa. Produce hojas de distintas durante el primer y segundo año y su fruto es en forma de cápsula. El aceite se obtiene tras la presión en frío del fruto. En uso interno su consumo se realiza en cápsulas, se recomienda **3 píldoras** a lo largo del día, **mejor seguir indicaciones del profesional médico.** Para uso tópico se utiliza el aceite. Las flores también se pueden emplear para aromatizar ciertas ensaladas. **Como efectos secundarios podrían ser:** dolor de cabeza, náuseas y diarreas. **No usar por epilépticos.**

- Orégano, (Oregano, in english)

"Origanum vulgare", arbusto originario de Asia Menor. Un proverbio árabe dice que el orégano vale para todo menos para una cosa, curar la muerte. Se puede cultivar en macetas o jardín siendo muy aromático. A dosis recomendadas es una planta segura. Para fines terapéuticos se utilizan: las hojas (en uso tópico o infusiones), también se consume en ensaladas, sopas, pescados. El aceite utilizar solo en uso tópico, **ingerido solo bajo prescripción facultativa,** se comercializa preparados de orégano en tinturas, extractos fluidos o secos, supositorios, pomadas, linimentos y cápsulas. **La sobredosis puede provocar:** alteraciones nerviosas como agitación, hiperestesia, depresión, entorpecimiento y somnolencia o excitación cardíaca, por los efectos estimulantes de su aceite esencial. **Contraindicado los aceites esenciales por vía interna en embarazadas, lactantes, menores de 12 años, anémicos, pacientes con gastritis, úlceras gastroduodenales, síndrome del intestino irritable, colitis ulcerosa, enfermedad de Crohn, hepatopatías, epilepsia, Parkinson o enfermedades neurológicas.**

- Oreja de oso, (Pyrenean-violet or Rosette mullein, in english)

"Ramonda myconi", aunque originaria de Europa sobre todo en los Pirineos, y Balcanes. Es recolectada más a menudo en Bielorrusia, la región de Leningrado y en Kaliningrado. Se utiliza la infusión de sus hojas en dosis moderadas, es amarga y se puede edulcorar. **No edulcorar** si se utiliza en uso topico. Hay plantas que la superan en los mismos beneficios. **No se conocen** contraindicaciones, se **recomienda consultar** con el médico o especialista.

- Oroval, (Withania aristata, in english)

"Withania aristata", arbusto que crece alrededor del Mediterráneo y sobre todo en Asia meridional, endémica en Canarias y norte de África, es de la misma especie de la Ashwagandha. **Planta con cierta toxicidad,** se suele utilizar la infusión de la corteza de la raíz, y hojas, la decocción de sus frutos o el zumo de la raíz. **No se conocen** contraindicaciones, se **recomienda consultar** con el médico o especialista.

- Ortiga, (Nettle, in english)

"Urtica dioica", originaria de Europa, Asia y cuenca Mediterránea crece de forma silvestre, también conocida como Ortiga mayor, tiene las hojas alargadas. Una de las plantas con mayores ventajas para el organismo y muy simple de identificar en el campo por el borde dentado que presentan sus hojas. Se puede comer en tortilla (antes 2 hervores) o guisos. Para los remedios también se puede adquirir seca. **Precaución cuando se combina la ortiga con medicamentos.**

- Ortiga muerta, (White nettle or White dead-nettle, in english)

"Lamium álbum", originaria de Europa y muy común en España, también conocida como Ortiga blanca, se utiliza la planta entera. Los tallos jóvenes antes de la floración se pueden utilizar como verdura, utilizando las mismas recetas que las espinacas. Sus flores son muy visitadas por las abejas. Existen tinturas para uso externo en tiendas especializadas. **No se conocen** contraindicaciones, se **recomienda consultar** con el médico o especialista.

- Ortosifón, (Java tea or Orthosiphon, in english)

"Orthosiphon aristatus", llamado Té de Java, es originaria de Indonesia, Malasia, y sur de China, puede ser utilizado como infusión (muy amarga), se podría camuflar edulcorando (ver edulcorantes), o con otra hierba para el mismo uso. Por el amargor excesivo se recomienda los comprimidos. También existe en tintura. **Consultar con especialista en caso de insuficiencia renal, problemas de coronarios, dispepsias hipo secretoras o medicando.**

Descripciones de plantas con la letra P

- Paciencia, (Patience dock, in english)

"Rumex patientia", parecida a la Acedera, llamada Acederón o Espinaca sin aroma. Hierba que crece en Europa meridional, central y en América. La raíz de esta planta es depurativa y digestiva a partes iguales, mejora numerosos problemas de salud. Los efectos terapéuticos son notorios y, a pesar de su nombre no se hacen de rogar. Para preparar la infusión se utiliza entre 30 a 60 gr. por litro. La tintura madre se recomienda 25 gotas, tres veces al día. **Contraindicada durante el embarazo, la lactancia y en caso de sufrir un episodio de diarrea.**

- Paliuro o Paliure, (Christ's thorn or Jerusalem thorn, in english)

"Paliurus spina-christi", llamada también Espina santa, planta originaria del sur de Europa, desde el occidente Mediterráneo hasta las costas del Mar Negro, yel Cáucaso, Oriente Próximo y Medio. Es una especie que sufre mucho con las heladas por lo que no suele sobrepasar los 500 m de altitud. Se utiliza para remedios terapéutico la semilla de los frutos en infusión de 30 gr./litro, tomando 3 ó 4 tazas al día. **Sólo por prescripción y bajo control médica,** al ser utilizado como **diurético** cabe la posibilidad de que se produzca una **descompensación tensional en personas con**: hipertensión, cardiopatías o insuficiencia renal moderada o grave. **Contraindicado el contenido alcohólico del extracto fluido y la tintura en menores de 6 años, y personas en proceso de deshabituación etílica.**

- Palmito, (Saw palmetto, in english)

"Serenoa repens", llamado también Palmera sabal o Palma americana, palmera con virtudes medicinales ideales. Se cultiva sobre todo en suelos arenosos de USA, México y el Caribe. Sus beneficios medicinales se obtienen consumido en conservas. Los dátiles se consumen como cualquier otra fruta. Se trata de un pequeño manjar del que se puede disfrutar cuanto se quiera, **no es bueno darse un atracón de sus dátiles**, puede provocar estreñimiento o, mejor dicho, un tapón al final del tubo digestivo que podría durar varios días. **Suprimir su consumo** ante el aumento de las mamas. **Contraindicado en embarazadas, tomando anticonceptivos o estrógenos, personas con cáncer de próstata, que tomen testosterona, esteroides, o cualquier medicación.**

- Papaya, (Papaya or Paw, in english)

"Carica papaya", fruta tropical originaria de Centroamérica, cuenta con muchas propiedades beneficiosas para la salud por la enzima llamada papaína, y con tan sólo 39 calorías por cada 100 gr. Inhibe la producción de estrógenos por lo que **no es recomendable para la fertilidad de las mujeres. Contraindicado en embarazadas y en menores de 2 años.**

- Paraguaya, (Saturn peaches or Doughnut peach, in english)
"Prunus persica var. Platycarpa", originaria de la antigua Persia (Irán) o China, se obtiene por medio de mutaciones naturales del melocotonero. El fruto es una variedad de Melocotón con similares características nutritivas. **No se conocen** contraindicaciones, se **recomienda consultar** con el médico o especialista.

- Pareira brava, (Cissampelos pareira, in english)
"Cissampelos Pareira" originaria de centro y sur de América, planta silvestre trepadora, tiene muchos otros nombres en español: Alcotán, Bejuco de cerca, etc. Crece en todas las regiones cálidas y templadas. Empleada en medicina tradicional China y Ayurveda desde tiempos remotos, así como en la medicina indígena mexicana y otros lugares del mundo. Todas las partes de la planta poseen propiedades curativas. **Dosis bajo prescripción médica** utilizada en polvo o cápsulas. **El exceso, por su efecto diurético, puede producir diversos trastornos.**

- Parietaria, (Astern pellitory-of-the-wall or Upright pellitory, in english)
"Parietaria officinalis", planta originaria del Mediterráneo, crece en grietas de muros, paredes y rocas, junto a caminos y carreteras, zonas con escombros y acantilados, invade huertos y jardines, considerada una mala hierba. Ayuda a distinguirla a que las hojas se pegan a la ropa como si tuvieran velcro. Se utiliza como infusión, existen extractos líquidos, tintura, jarabe y geles para uso tópico. **Como diurético, bajo prescripción médica en caso de**: hipertensión, cardiopatías o insuficiencia renal moderada o grave, puede suponer la posibilidad de que se produzca descompensación tensional. **Contraindicado en alérgicos, en dosificación oral con contenido alcohólico a menores de 6 años, y personas en proceso de deshabituación etílica.**

- Pasas de uva, (Raisins, in english)
Como golosina, en colaciones o para añadir un poco de sabor a platos dulces y agridulces, las uvas pasas suelen ser una de las frutas preferidas para deleite del paladar. **Contraindicado para personas con insuficiencia renal.**

- Patata, (Potato, in english)

"Solanum tuberosum", originaria de los Andes, antiguamente se creía que no era comestible, incluso venenosa. En la actualidad es uno de los alimentos más universales y baratos. Con mala reputación, muchas personas consideran uno de los primeros integrantes en salir de su dieta cuando es un tubérculo cargado de nutrientes y gran variedad de vitaminas, minerales y fitoquímicos que ayudan a prevenir enfermedades y benefician a nuestra salud. **Precaución, con la Solanina, sustancia verde que está justo debajo de la piel,** al comer cruda o con piel puede ser un peligro para nuestra salud, es un **pesticida natural.** Lo aconsejable es **eliminar perfectamente la piel y consumir las patatas de inmediato,** las concentraciones de la Solanina aumentan cuanto más viejo es el ejemplar. **Es conveniente cocer las patatas sin piel, evita que el alcaloide nos pueda afectar.**

- Pedicular, (Marsh lousewort or Purple lousewort, in english)

"Pedicularis palustris", originaria de Europa, hasta los Pirineos, norte de Italia, sur de Bulgaria y los Urales. Se encuentra en terrenos pantanosos, pequeños lagos y lagunas de márgenes cenagosos o muy húmedos. Se utiliza toda la planta. **No se conocen** contraindicaciones, se **recomienda consultar** con el médico o especialista.

- Pensamiento, (Pansy or Heartsease, in english)

"Viola tricolor var. Hortensis", planta con flores de combinaciones de colores, incluyendo el blanco, lavanda, violeta, y todas las tonalidades de azul. La mejor forma de utilizar la planta es mediante el consumo de un té de hojas y flores, en uso tópico o ingerido. **Precaución como diurético, sólo utilizar bajo prescripción y control médico en presencia de hipertensión, cardiopatías o insuficiencia renal moderada o grave.**

- Pepino, (Cucumber, in english)

"Cucumis sativus", originario de la India y cultivado desde hace más de 3.000 años. Vegetal que contiene una variedad de nutrientes esenciales para el cuerpo humano y gran cantidad de efectos terapéuticos en la salud. **No se recomienda en abundancia a:** menores, ya que pueden ser más sensibles de presentar cuadros de diarrea o indigestión ocasionados por este fruto. **Tampoco se ...**

...

aconseja comer pepinos a personas: con indigestión o diarrea. **Como planta de alto valor diurético, pero una ingesta abundante podría ocasionar en algunas personas:** sensaciones de decaimiento, fatiga muscular o disminución del apetito sexual.

- Perejil, (Parsley, in english)

"Petroselinum crispum", originario del Mediterráneo oriental, herbácea que encontramos fácilmente en huertos, jardines, en los márgenes de muros y caminos. **En la floración se puede confundir con el cianuro (veneno), muy común en el campo.** Es el ingrediente principal en muchas partes del mundo como condimento. Destaca por su bajo contenido en calorías como en grasas, 100 gramos aportan 1 gramo de grasa y apenas 36 calorías. **El consumo de aceite de perejil no se recomienda en:** menores de 12 años, personas con estómago delicado, úlceras duodenales o gastritis. **No aconsejada en caso de:** piedras en el riñón o tendencia a formar cálculos renales e insuficiencia renal. **Contraindicada durante el embarazo (puede estimular el útero).**

- Perifollo, (Chervil or France parsley, in english)

"Anthriscus cerefolium", originario del Cáucaso, concretamente de Asia Central, y Oriente Medio, se extendió a Europa gracias a los romanos. De hojas planas que en muchas ocasiones recuerdan mucho a las hojas del perejil, pero más recortadas. Su aroma es parecido tendiendo hacia el anís. La forma más usual es ingerida en comidas o en infusiones. **Precaución, no recolectar por nuestra cuenta,** se puede **confundir con el Cianuro** (venenoso). **No se conocen** contraindicaciones, se **recomienda consultar** con el médico o especialista.

- Perilla, (Perilla or Korean perilla, in english)

"Perilla frutescens", originaria de Asia meridional, China, India, Japón, Laos, Thailandia, Vietnam. Pertenece a la familia de plantas herbáceas como la Menta y Hierbabuena. Se utiliza las hojas y la planta entera. El consumo habitual es en infusión con ¼ de taza con hojas en polvo secadas, cubrir con agua hirviendo y dejar hervir durante 10 a 15 minutos. También se utiliza su aceite llamado Shiso para dolencias concretas, pero **contraindicado** en ... **Continúa...**

...

pacientes de cáncer. **Contraindicada siempre en embarazadas, lactantes, menores de 12 años, no consumir en medicación con antiinflamatorios o contra el colesterol.**

- Pie de león, (Lady's mantle, in english)

"Alchemilla vulgaris", originaria de Europa, se desarrolla en praderas y pastizales húmedos de alta montaña de clima frio, es de poca altura, tallos con pelillos y hojas redondeadas, flores pequeñas y amarillentas. Las sumidades aéreas y raíces son las que poseen los principios activos. **Antes de utilizar ingerida consultar al médico.** Se prepara con 1 cuchara de postre por taza de agua, hervir 10 minutos, colar y beber hasta 3 tazas al día antes de comer. **Contraindicado en menores de 12 años y personas con gastritis, ulcera gastroduodenal y cardiopatías.**

- Pimienta acuática, (Water-pepper, in english)

"Polygonum hydropiper", originaria de Europa, también en algunas regiones de América del norte. Las hojas frescas tienen cualidades medicinales, puede ser utilizada tanto en forma en externa como interna para resolver o calmar ciertas patologías. **Ingerida puede provocar en algunas personas:** inflamación de vejiga o molestias de renales. La forma usual de utilizar es en infusión, que se puede elaborar con ¼ litro de agua hirviendo por cada cucharadita de planta, se deja reposar unos minutos. Filtrar y beber tibia 1 taza al día. **No se conocen** contraindicaciones, se **recomienda consultar** con el médico o especialista.

- Pimienta blanca, (White pepper, in english)

"Piper nigrum", es con el grano totalmente maduro, originaria de la India, es una de las especias más famosas y utilizadas para condimentar nuestras preparaciones. Proviene del mismo árbol que la negra o rosada, cuando está madura se deja macerar con agua, se le retira la piel y aparece el grano blanco, es rica en hierro, calcio y fibra, y menos picante que la negra, se comercializa preparada. Se puede realizar infusiones, pero conviene enmascarar por su fuerte sabor. **Consumir con moderación personas que sufran:** úlcera gástrica, acidez de estómago o gastritis. **La ingesta cruda en menores de 6 años,** si llega a los pulmones **puede incluso provocar la muerte.**

- Pimienta de Jamaica, (Jamaica pepper or Allspice, in english)
"Pimenta dioica", árbol que crece en Jamaica, México, Guatemala, y Belice, es la pimienta que no lo es, es una baya que se recoge verde y al secarse al sol toma su color marrón característico. Una vez secas recuerdan a grandes pimientas y de ahí su nombre, pero no pica. Se puede conseguir incluso en los Hipermercados como condimento culinario. El aceite esencial puede irritar la piel a las personas muy sensibles, probar por primera vez en pequeñas cantidades para evitarlo. **No se recomienda en embarazadas o durante la lactancia, debido a la insuficiencia de evidencia científica disponible.**

- Pimienta negra, (Black pepper, in english)
"Piper nigrum", es cuando el grano está a medio madurar, originaria de la India, una de las más utilizadas para condimentar nuestras preparaciones. Proviene del mismo árbol que la blanca o rosada, se recolecta el grano inmaduro, al dejarlo secar se pone negra y su piel se arruga. Su sabor es muy característico y algo picante, debido al contenido de **piperina**, su poder picante sería un 1% de la capsaicina del chile. **En exceso puede provocar convulsiones. La ingesta cruda en menores de 6 años,** si llega a los pulmones **puede provocar la muerte.** Se puede realizar infusiones, pero conviene enmascarar, por su fuerte sabor, existen en el mercado infusiones con pimienta. También se encuentra en polvo. **Consumir con moderación personas que sufran úlcera gástrica, acidez de estómago o gastritis.**

- Pimiento amarillo, (Yellow pepper, in english)
"Capsicum annuum", originario de América, proceso de maduración del verde, antes de llegar al rojo (dulce en su última faceta). Se recomienda combinar el consumo de los pimientos amarillos con pequeñas cantidades (3 o 5 gr.) de aceites saludables como Aceite de Oliva, ya que esta combinación favorece la absorción de los carotenoides. Un pimiento amarillo grande proporciona aproximadamente 1,7 gr. de fibra dietética, que representa el 7 % del valor diario recomendado. **No se conocen** contraindicaciones, se **recomienda consultar** con el médico o especialista.

- Pimiento rojo, (Red pepper, in english)

"Capsicum annuum", originario de América, dándose a conocer por los españoles en el siglo XVI, es el fruto más maduro de la herbácea que contiene una serie de flores pequeñas, y su fruto puede ser consumido crudo, hervido o asado. **Abstenerse pacientes con gastritis, úlceras gastroduodenales.**

- Pimiento verde, (Green pepper, in english)

"Capsicum annuum", planta originaria de América, dándose a conocer por los españoles en el siglo XVI, es el fruto más inmaduro, de sabor amargo y la mitad de vitamina C y una décima parte de la vitamina A en comparación con sus hermanos de color rojo o amarillo. Potente antioxidante, la vitamina C es necesaria para la adecuada absorción del hierro si se tiene deficiencia. El pimiento verde se encuentra entre los alimentos más bajos en calorías, 100 gr. contienen tan solo 19,68 kcal. **No se conocen** contraindicaciones, se **recomienda consultar** con el médico o especialista.

- Pino / Piñones, (Scots pine / Pinions, in english)

"Pinus sylvestris L.", pertenece a la especie de las coníferas, de las que existen unas 150 especies. El aquí tratado es el de origen Euroasiático muy abundante en la zona mediterránea de Europa y África. Se utiliza como remedios medicinales los piñones (comestibles) ricos en vitaminas A, B, E, minerales, grasas y carbohidratos. La corteza y los brotes de las hojas - agujas para extraer la trementina (tóxica). Se utiliza como aromaterapia (inhalaciones), tintura, extracto fluido **siguiendo indicaciones médicas o del especialista. Nunca tomar más de una cucharada,** puede provocar una reacción violenta del sistema nervioso y aumento de la presión arterial, vómitos, ulceraciones. **Contraindicada en embarazadas, lactantes, menores de 6 años, personas con: asma, anémicas, gastritis, hernias de hiato, úlceras digestivas y tendencia al estreñimiento.**

- Plátano, (Banana, in english)

"Musa paradisiaca", originario de la India, altamente nutritivo al ser una de las frutas más calóricas que existen (después del aguacate), 100 gr. de plátano aportan unas 90 calorías aproximadamente. Muy rico en hidratos de carbono, es de las mejores formas de nutrir nuestro cuerpo con energía vegetal, siendo indicado en las dietas ...

...

de los niños por sus propiedades y beneficios. **Tomado en exceso puede resultar indigesto. Las personas diabéticas deben comer esta fruta con moderación. También las que sufran enfermedades renales o hepáticas no es conveniente que lo consuman sin consultar con su médico.**

- Podagraria, (Ground elder, in english)

"Aegopodium podagraria", originaria de Europa, crece en bosques húmedos o cercanos a ríos. Considerada mala hierba, al ser invasiva se expande formando una mata que se extiende sobre otras especies en forma silvestre. Es comestible en ensaladas o guisos. La habitual es la infusión, con las hojas secas, utilizar 15 gr. por cada taza de agua hirviendo, reposar unos minutos, filtrar y beber hasta 2 tazas al día. **Contraindicado en embarazadas, lactantes, y menores de 12 años.**

- Polen, (Pollen, in english

Excepción del libro, se incluye al provenir de las plantas sirviendo en su multiplicación. Los beneficios atribuidos desde la antigüedad han llevado a que se le reconozca como un producto de alto valor nutritivo. Dotado de propiedades profilácticas revitalizantes y terapéuticas. Contiene todos los elementos indispensables para la vida, para el restablecimiento y mantenimiento de la salud del cuerpo. **Los alérgicos no deben consumir polen.** Considerado un alimento superior a cualquier vegetal o vitamina artificial. **No se conocen** contraindicaciones, **se recomienda** consultar con el **médico o especialista.**

- Poleo menta o Poleo, (Pennyroyal or Pennyrile, in english)

"Mentha pulegium ", originaria de la cuenca Mediterránea en sitios húmedos. **Las infusiones** son de efecto relajante y agradable sabor. **Puede ser tóxica cuando se superan las dosis permitidas.** Combinado con otros medicamentos o plantas, puede potenciar sus efectos, **consultar con el médico en caso de estar medicándose contra alguna dolencia.** La forma de consumir es la infusión, **el uso habitual puede producir:** hipoglucemia, disminuir los niveles de hierro en la sangre, al inhibir su absorción. **Las infusiones ingeridas como efecto secundario pueden ser causante de:** diarreas, vértigos, confusión mental, dolor de garganta, dificultad en ... **Continúa...**

...

la deglución, debilidad muscular, dolor de cabeza, zumbido en los oídos, convulsiones, sed, sudor excesivo, pulso débil y paralización de los músculos de la respiración, **en exceso muerte por coma. En uso tópico la infusión o el aceite esencial puede:** afectar a la piel en forma de dermatitis, picor, desasosiego, malestar general, picor en los ojos, etc. **Contraindicado durante el embarazo (abortiva) y durante la lactancia.**

- Puerro, (Leek or Wild leek, in english)
"Allium ampeloprasum", hortaliza cuyo bulbo es comestible, especie de cebolla alargada también llamada **ajo porro**. El sabor es parecido a la cebolla, aunque más suave y dulce. **El exceso de consumo puede ocasionar:** diarreas, flatulencias y vómitos. **Durante el embarazo consumir especialmente con moderación.**

Descripciones de plantas con letras Q - R

- Quinúa o Quinoa, (Quinoa, in english)
"Chenopodium quinoa", originaria de los Andes, consumida desde hace miles de años en Sudamérica. Comenzó a ser considerada como un superalimento en años recientes. Semilla **sin gluten** que proporciona todos los nutrientes que el cuerpo necesita y adecuada para todas las personas, sin excepción. **Una vez hervida contiene menos fibra.** Para hervir, colocar dos tazas de agua en una olla, calentar, añadir una taza de Quinua y un poco de sal, cocer 15 o 20 minutos. **Contraindicado en personas con cálculos renales.**

- Rábano, (Radish, in English)
"Raphanus sativus", originario del Mediterráneo oriental y utilizado durante siglos con fines medicinales, contiene aceites volátiles que son similares a los encontrados en la mostaza. **Contraindicado el rábano picante en: embarazadas** es capaz de causar un aborto involuntario, incluso se ha utilizado para tal fin, **lactantes, personas que han sido diagnosticadas con disfunción tiroidea, enfermedades gastrointestinales, úlceras estomacales o intestinales, enfermedad inflamatoria intestinal, trastornos renales o enfermedad.**

- Rábano rusticano, (Horseradish, in english)

"Armoracia rusticana", originario de Rusia y suroeste de Asia, ya raro al haberse abandonado su cultivo, en la Península se puede encontrar en los Pirineos de Aragón y Cataluña. Se utiliza comercialmente en mostazas fuertes al ser muy picante, puede irritar el tracto digestivo y provocar vómitos de sangre o diarreas, la forma habitual es la raíz rallada ingerida o como cataplasma.

- Remolacha, (Beet, in english)

"Beta vulgaris", originaria del Mediterráneo, hortaliza muy humilde, pero con propiedades sorprendentes. **Consumir con moderación personas con:** acidez de estómago, gastritis, hipotensión, gota, artritis o problemas renales. **Contraindicada durante el embarazo, o personas diabéticas.**

- Retama de los tintoreros,
(Dyer's greenweed or Dyer's broom, in english)

"Genista tinctoria", crece en zonas de pastos en Norteamérica y Europa, planta poco conocida, hasta el siglo XV no se empezaron a realizar estudios sobre ella, al ser empleada solo para teñir los tejidos de forma permanente. Terapéuticamente se utiliza en infusión que se realiza con 5 gr. de las flores recién abiertas, añadidas a un litro de agua hervida durante diez minutos. Colar y beber 3 tazas a lo largo del día, **evitar sobredosis** (contiene alcaloides). **No recolectar, es fácil de confundir con otra retama por sus flores,** mejor comprar en tiendas especializadas. **Contraindicada en personas con hipertensión.**

- Roble albar, (Durmast oak or Sessile oak, in english)

"Quercus petraea", especie que agrupa distintas especies, árbol originario del hemisferio Norte, en la Península existen tres especies muy parecidas, la más extendida es el "Quercus pyrenaica", también llamado Melojo, abundante en la Sierra de Madrid. El descrito aquí abunda en Cantabria y los Pirineos, se utiliza la corteza de las ramas, aunque también se emplean las hojas y el fruto. Al recolectar la corteza, en primavera debe ser de un grosor de 3 mm. **Contraindicado en embarazadas, lactantes, y personas con medicación que provoque daño hepatotóxico.**

- Romanesco, (Romanesco or Roman cauliflower, in english)

"Brassica oleracea - Romanesco", originario de Italia, donde fue identificado por primera vez en el siglo XVI. Flor comestible muy saludable y sabor agradable, se come cruda lavada, incluso dejándola en breve remojo o poco cocinada. **Una crujiente delicia,** además de brindar más nutrientes resulta más digestible siempre que se mastique bien. Se puede preparar en ensaladas, acompañada de otras verduras, o añadir con el mismo fin a sopas, caldos y cremas al servirlos. **Consumir con moderación las personas que sufren enfermedades relacionadas con la glándula tiroides.**

- Romanza, (Fiddle dock, in english)

"Rumex pulcher", originaria de la cuenca Mediterránea, planta invasiva parecida a la Lengua de vaca o la Romaza, se diferencia en su hoja, esta es de **base acorazonada** con flores en las axilas de las hojas superiores. De uso exclusivo cocinada como las acelgas. **Contraindicado en personas artríticas, reumáticas, con gota o con afecciones renales.**

- Romaza, (Bitter dock or Broad-leaved dock, in english)

"Rumex obtusifolius", originaria de Europa, también se encuentra en Sudamérica, Japón y Australia. Es similar a la Acelga, crece en caminos en forma silvestre y comestible como verdura. Con propiedades medicinales en sus hojas y raíces (secas), también en infusión con 30 gr. de hojas y raíz seca en 1 litro de agua. **A tener en cuenta** que requiere un tratamiento largo, al menos de varias semanas por tener efectos suaves, e **ingerir poca cantidad** de forma regular. **En exceso produce:** vómitos, calambres, diarrea, dolor abdominal, insuficiencia renal y hepática.

- Romero, (Rosemary, in english)

"Rosmarinus officinalis", originaria de la cuenca Mediterránea. Se utilizan sus sumidades floridas en forma seca, tinturas, extractos fluidos y secos, también existe aceite esencial. **Contraindicado el aceite esencial ingerido en embarazadas, lactantes, menores de 6 años, pacientes con gastritis, úlceras gastroduodenales, síndrome del intestino irritable, colitis ulcerosa, enfermedad de Crohn, hepatopatías, epilepsia, Parkinson u otras enfermedades neurológicas. En uso tópico en menores de 6 años, personas con alergias respiratorias o hipersensibilidad conocida a los ...**

...

aceites esenciales, o con problemas de obstrucción de las vías biliares. El extracto líquido (alcohólico) **no prescribir a menores de 12 años, o personas proceso de deshabituación etílica).**

- Rosal, (Rose or Gallic rose, in english)

"Rosa Gallica", también llamado Rosal de Castilla o Rosal de Francia, originaria de Europa central y Asia occidental. De flores reunidas en grupos hasta cuatro, de colorido amplio, existen 30.000 variedades, desde el blanco (poco común) a rosa o púrpura oscuro, se emplean los pétalos para elaborar remedios medicinales. Aquí se describe la más común con fines terapéuticos, aquella donde los pétalos de rosa se pueden utilizar para complementar otros preparados dando un sabor agradable a las infusiones. La infusión es la forma habitual, se prepara con una cucharadita de pétalos secos por taza (**no debe hervir).** Se comercializa productos naturales elaborados con rosas, el agua de rosas, pomadas, aceite esencial. **Durante el embarazo** (solo bajo prescripción facultativa). **Contraindicado durante la lactancia, menores de 6 años, y personas con úlcera gástrica.**

- Rubia, (Madder or Dyer's madder, in english)

"Rubia tinctorum", también llamada Rubia roja, originaria del suroeste de Europa desde Irlanda al norte de África, crece en zonas montañosas y húmedas, muy empleada en la industria para obtener de ella un tinte rojizo. Se utiliza principalmente la raíz en infusión o decocción. **La sobredosis puede ocasionar:** dolores y agudización de las enfermedades crónicas. **Contraindicado en personas con úlcera del estómago, giperatsidnom, gastritis, insuficiencia renal, aguda o crónica, glomerulonefrite, personas con carácter insufrible individual. Durante al embarazo y la lactancia.**

- Rúcula, (Roquet or Arugula, in english)

"Eruca sativa" o "Eruca versicaria", muy común en la cuenca Mediterránea, su utilización se remonta a la época romana donde era considerada como gran afrodisíaco. Vegetal muy versátil y peculiar por su sabor único. Se puede comer crudo en ensaladas o batidos, cocido en pestos, rellenos y tortillas. **Consultar con el médico o especialista, es rica en nitrato y puede interactuar con ciertos medicamentos, entre ellos los anticoagulantes.**

- Rusco, (Butcher's-broom, in english)

"Ruscus aculeatus", arbusto originario de Eurasia, muy común en Europa central y meridional, suroeste asiático y norte de África. De pequeño tamaño, hojas puntiagudas muy punzantes, crece principalmente en los sotobosques. **Precaución es muy parecido al Acebo. Su utilización es más preventiva que medicinal. No utilizar como diurético en presencia de:** hipertensión, cardiopatías o insuficiencia renal moderada o grave, **sólo por prescripción y bajo control médico** ante la posibilidad de descompensación tensional. **Puede provocar intolerancia gástrica** por el efecto irritante de los saponósidos. La forma usual de utilizar es la infusión. **Contraindicado en embarazadas, lactantes, personas con problemas etílicos. En menores de 6 años, puede causar diarreas, vómitos y convulsiones.**

Descripciones de plantas con la letra S

- Salvia, (Sage or Garden sage, in english)

"Salvia officinalis", originaria la zona Mediterránea, el nombre proviene del latín "salvare" (curar), la forma más usual es la infusión, **nunca más de tres infusiones diarias. No exceder de la dosis recomendada:** puede ser neurotóxica y provocar convulsiones. **Contraindicada en embarazadas (abortiva), lactantes, menores de 6 años, con cáncer de mama y otros tumores estrógeno-dependientes, paciente con inestabilidad neurovegetativa, o insuficiencia renal.**

- Salvia romana, (Clary sage or Clary, in english)

"Salvia sclarea", también llamada Amaro o Esclarea, originaria de la cuenca del Mediterráneo hasta el centro de Asia. **No ingerir alcohol utilizando el aceite esencial** al exagerar los efectos alcohólicos como: embriaguez, el malestar posterior o provocar somnolencia. **Contraindicado el aceite en embarazadas al estimular el flujo menstrual.**

- Sandía, (Watermelon, in english)

"Citrullus lanatus", fruto de una verdura originaria del África subsahariana, consiguió el récord de peso de un fruto con 122 Kg. Existe constancia de su consumo desde hace 5.000 años, descrito en los jeroglíficos egipcios. **Se recomienda no comer después de ...**

...
una comida, especialmente si es muy abundante, al limitar la acción de los jugos gástricos al hacer el proceso digestivo más largo y agotador. **Lo ideal es en la merienda o a media mañana** totalmente madura y roja. Todas las partes son ricas en sustancias útiles, **incluso la parte blanca interna de la cáscara.** Es recomendable ingerir un poco de **cáscara de sandía**, tiene un buen contenido de la clorofila, útil en la producción de sangre. **Personas que sufren de colitis y gastritis,** consumir en pequeñas cantidades y entre las comidas para evitar problemas de diarrea, distensión abdominal.

- Sangre de Drago, (Croton lechleri, in english)

"Croton lechleri", originario de la Amazonía entre los 700 y 1.600 m. La Sangre de Drago se trata del látex extraído de la corteza, es una resina roja que se obtiene de cuatro árboles diferentes. Se utiliza tanto de forma interna como externa. **Contraindicado en embarazadas, menores de 12 años, personas hepáticas o con insuficiencia renal.**

- Sanguinaria del Canadá, (Bloodroot, in english)

"Sanguinaria canadensis", llamada Sanguinaria y Germandrina, originaria de USA y Canadá de flores blancas o rosas. **Existen productos dentales con sanguinaria.** Antes de utilizar **consultar con el médico o especialista** tiene alcaloides tóxicos como Opio y puede irritar la membrana mucosa. **Contraindicada en embarazadas, y durante la lactancia.**

- Sanícula, (Sanicle or Wood sanicle, in english)

"Sanicula europaea" o "Sanicula Elata", conocida como Hierba de san Lorenzo, herbácea de origen europeo, crece en bosques y lugares húmedos a la sombra. Se utiliza con fines medicinales la hierba y la raíz en infusión ingerida o en uso tópico, se prepara con dos cucharadas de café llenas de sanícula en ¼ litro de agua. Hervir 10 minutos. Colar y beber caliente 2 o 3 veces al día, para enjuagues o uso tópico, mejor tibio. **No se conocen** contraindicaciones, se **recomienda consultar** con el médico o especialista.

- Saponaria, (Soapwort or Common soapwort, in english)

"Saponaria officinalis", originaria de Europa central y meridional, su nombre deriva del latín y significa "Jabonosa", siendo muy apreciada desde los tiempos de Dioscórides y Plinio. Destaca por sus brotes de gran tamaño y flores de color característico. En España se cría por casi todo el país, pero con mayor frecuencia en el Norte. La recolección de sus hojas debe ser durante el verano, las raíces en otoño. Para usos medicinales por vía interna **usar preparados elaborados** al no contener **principios tóxicos que perjudican el estómago, intestino y riñones.**

- Sassafrás, (Sassafras or Silky sassafras, in english)

"Sassafras albidum", árbol originario del este de Norteamérica hasta Texas, para los remedios medicinales se utiliza el tronco del árbol desprovisto de la corteza. Se comercializa en pomadas, extractos líquidos o linimentos (seguir indicaciones). La infusión se prepara con 10 gr. del tronco por litro de agua, para tomar de 1 a 3 tazas diarias. El aceite en uso tópico bien sea puro o en forma de linimentos o cremas se aplica en uso tópico. **El aceite esencial puede provocar:** hepatopatías, hipotermia, taquicardia y depresión cardiorrespiratoria. **Contraindicado el aceite esencial por vía interna en embarazadas, lactantes, menores de 6 años, pacientes con gastritis, úlceras gastroduodenales, síndrome del intestino irritable, colitis ulcerosa, enfermedad de Crohn, epilepsia, Parkinson u otras enfermedades neurológicas, personas con alergias respiratorias o con hipersensibilidad conocida a otros aceites esenciales.**

- Sauce blanco, (White willow, in english)

"Salix alba", el llamado Sauce llorón, es originario del centro y sur de Europa, Norte de África y oeste de Asia. La corteza de sauce se ha utilizado como tratamiento para el dolor y la fiebre en China desde el 500 a.n.e. Los antiguos egipcios también utilizaban para las inflamaciones. La corteza, debido a otros componentes activos que se encuentran en ella, es más efectiva que la Aspirina (derivado sintético del llamado Ácido acetilsalicílico (AAS) que desarrolló y produjo Alemania industrialmente en 1852), siendo mucho fuerte para el estómago. Se suele tomar en infusión, en una taza con agua se añade 1 o 2 cucharadas de postre con corteza, hervir y ...

durante 10 minutos mantener hirviendo a fuego lento, colar y beber 3 tazas diarias. **Como efectos secundarios en dosis altas se citan**: zumbido en los oídos, úlceras, acidez estomacal, dolor, calambres, náuseas, sangrado gastrointestinal y toxicidad hepática, erupción, mareos y disfunción renal. **Existen cápsulas con polvo de sauce blanco,** igualmente de efectivas y más sanas que las Aspirinas. Evidencias médicas indican que la corteza es menos propensa a provocar efectos colaterales gastrointestinales que pueden provocar otros calmantes para el dolor. **Mucha precaución en embarazadas, lactantes, menores de 16 años, especialmente con síntomas similares a la gripe, varicela, o síndrome de Reye, personas con gota o asma, alérgicas o sensibles a la Aspirina. Evitar durante las dos semanas previas o posteriores a cualquier cirugía.**

- Saxífraga blanca, (Meadow saxifrage, in english)

"Saxifraga granulata", también Saxífraga menor, herbácea que crece en prados secos y bosques claros, también en terrenos montañosos y húmedos de toda Europa. Abunda especialmente en los Alpes y Pirineos. Se utiliza para fines curativos, la raíz, hojas y flores en infusión que se realiza hirviendo durante 15 minutos 40 gr. en 1 litro de agua. Filtrar y beber de 1 a 3 tazas diarias. **No se conocen** contraindicaciones, se **recomienda consultar** con el médico o especialista.

- Sen o Cassia, (Alexandrian senna, in english)

"Cassia angustifolia" o "Senna alexandrina", planta originaria de Nubia (Egipto), India y China, se ha usado desde la antigüedad. Sus flores son amarillas y produce un fruto color marrón. Se usa tanto la hoja como el fruto, este tiene un efecto más suave que las hojas. Se encuentra en preparados mezclado con otras hierbas como Menta, Hinojo, Jengibre, etc., para suavizar el sabor amargo. **Usar solo bajo prescripción médica.** Es mejor no hervirla (sólo escaldar y dejar reposar 5 minutos). Tomar la infusión antes de ir a la cama, de esta forma se notarán los efectos a la mañana siguiente. **Contraindicada en embarazadas, lactantes (provocaría diarreas al bebé), menores de 12 años, durante la menstruación, pacientes con problemas intestinales como colitis, dolores, inflamaciones, y personas con insuficiencia renal, cardíaca o hepática, úlcera estomacal, problemas urinarios.**

- Serbal, (Rowan or Mountain-ash, in english)

"Sorbus aucuparia", árbol de tamaño medio de origen europeo, desde Islandia hasta Rusia, crece en alturas elevadas a orilla de los ríos. También como árbol ornamental en jardines y parques. Para los remedios se utilizan las bayas **(nunca crudas),** solo cocidas o en mermeladas, existen tinturas. **Contraindicada en personas propensas a trombos.**

- Sésamo, (Black sesame, in english)

"Sesamum indicum", también llamado Ajonjolí, es originario de la India y África, desde donde llegó a América transportada por los esclavos. Se puede consumir directamente en ensaladas, dulces, arroz, parrilladas o salteados de verduras. **Utilizar solo bajo prescripción médica** personas enfermas de hígado o renales. **Contraindicado el aceite en embarazadas.**

- Sidra, (Cider, in english)

Bebida alcohólica generalmente de baja graduación, se obtiene a partir del zumo de manzana fermentado. **Contraindicada en menores de 12 años, o en deshabituación alcohólica.**

- Soja o Soya, (Soybean or Soya bean, in english)

"Glycine max", leguminosa de origen asiático de uso antiguo. La característica más llamativa es su **gran riqueza proteínica** comparada con otros vegetales, **pero proteína de no tan buena calidad,** de facilidad para el cultivo por crecer en lugares muy diversos y someterse a distintos procesos industriales que la convierten en un producto muy versátil, de **origen transgénico** muy habitual en Hiper, **utilizar mejor los de origen ecológico o natural** preferiblemente. **El consumo abundante está relacionado con: daños cerebrales y** pérdida de masa cerebral en ancianos. **Posee un inhibidor de la enzima, la tripsina, que disminuye el valor general de su proteína y a largo plazo, puede conducir a:** la dilatación del páncreas y el cáncer, provocar trastornos tiroideos. **Contraindicado su consumo en personas anémicas.**

- Stevia, (Stevie, Candyleaf or Sugarleaf, in english)

"Stevia rebaudiana", originaria de América del sur, aún hay zonas donde se encuentra de manera silvestre, aunque hace décadas que se cultiva para su consumo. Es un potentísimo edulcorante que **apenas posee calorías ni carbohidratos,** 1 gr. de Stevia tiene 1 caloría y 1 gr. de carbohidratos **y nada de grasas o colesterol.** Las hojas contienen una variedad de nutrientes, como proteínas, fibras, carbohidratos, vitaminas A y C, y minerales como Sodio, Magnesio, Hierro, Fósforo, Calcio, Potasio y Zinc, aunque en la forma comercializada al público, no se aprecian estos nutrientes. El polvo blanco es de 200 a 300 veces más dulce que el azúcar, y las hojas entre 15 a 20 veces.

- Recomiendo utilizar la planta si es fresca, en trozos pequeños de una hoja (2 o más, según el dulzor a desear, también las hojas secas o desmenuzadas. **Se puede encontrar comercializadas en bolsitas** (para mezclar con otras tisanas), **esencias, pastillas, extracto líquido y en polvo. Puede provocar reacciones alérgicas en personas sensibles a:** plantas de las familias de Crisantemo y Margarita. **Como efectos secundarios podemos citar:** náuseas, distensión abdominal y gases. **En niveles muy altos puede afectar a los hipotensos. Contraindicado en embarazadas y lactantes.**

Descripciones de plantas con la letra T

- Tamarindo, (Tamarind, in english)

"Tamarindus indica", conocido como Planta cámara, es originario de África, pero cultivado con gran éxito en parte de Asia tropical e Iberoamérica. **Frutos color marrón o café oscuro que parecen sacos pequeños.** La pulpa es un **excelente condimento** para preparar aderezos y salsas, los africanos suelen mezclar la pulpa con el arroz. **Se utiliza la pulpa, hojas y corteza en aplicaciones medicinales,** la forma más habitual es en infusión, que se prepara con 10 gr. de pulpa por ½ litro de agua. Hervir el agua, agregar la pulpa y dejar hirviendo 10 minutos más. Reposar y beber tibio en ayunas. Es muy útil en lugares donde hace mucho calor para combatir deshidrataciones. **Contraindicado en embarazadas, lactantes, y junto a la ingesta de aspirinas, por el posible aumento de sangrado.**

- Tamarindo malabar,
(Malabar tamarind or Garcinia cambogia, in english)

"Garcinia gummi-gutta" o "Garcinia cambogia", también conocido como Garcinia, arbusto procedente del sur de la India con flores naranjas rojizas, de fruto grande y aplastado de color amarillo o anaranjado, **ingerido como fruto no hay problemas.** La cáscara de la Garcinia es uno de los ingredientes del Curry, las semillas en zumo son agridulces. Como complemento siempre se debe consumir al menos 30 minutos antes de las comidas principales. **Contraindicado como complemento en embarazadas, lactantes, menores de 12 años, y en personas con problemas cardíacos.**

- Té blanco, (White tea, in english)

"Camellia sinensis", lo último y más novedoso en el mundo del té, su nombre deriva de las vellosidades plateadas-blancas en las yemas aún no abiertas de la planta que la dan una apariencia blancuzca. Se produce principalmente en China y procesadas para evitar la oxidación. **Se considera como el antioxidante más potente de la Naturaleza.** Contiene la mitad de cafeína que el té verde, se puede convertir en un sustituto del café y mucho más relajante. **No se conocen** contraindicaciones, se **recomienda consultar** con el especialista.

- Té de roca, (Tea of Aragon or Rock tea, in english)

"Jasonia glutinosa" o "Chiliadenus glutinosus", es originario de los países occidentales del Mediterráneo, desde la Provenza a Marruecos, actualmente abunda en Catalunya, Aragón, Levante y Murcia. Crece entre las piedras, formando una pequeña mata de 30 cm, de flores amarillas y pequeñas en el extremo del tallo, aunque llamado té, **no contiene teína, y en grandes dosis produce vómitos.** Existe aceite esencial. La forma habitual son infusiones, de olor fuerte y sabor amargo, mejor endulzar al gusto. Se puede beber hasta dos tazas al día. **Contraindicado en embarazadas (abortivo), y en la lactancia.**

- Té Rooibos, (Rooibos or Redbush tea, in english)

"Aspalathus linearis", en realidad es una infusión, la planta es de origen sudafricano, no proviene de la misma del té "Camelia sinensis". El comienzo del consumo de Rooibos se remonta al siglo XVII. De color rojo, sabor parecido a las nueces y algo dulzón, ...

...
aunque no contiene azúcar. **Al ser de efecto bipolar estreñimiento/laxante, conveniente vigilar su uso en los más pequeños.** Existe una variedad en verde con mayor poder antioxidante, pero **muy caro.** Al no contener cafeína se puede consumir por las noches incluso niños. **No se conocen** contraindicaciones, se **recomienda consultar** con el **médico o especialista.**

- Tila, (Large-leaved lime or Largeleaf linden, in english)
"Tilia platyphyllos", se obtiene del árbol del Tilo, es de hoja ancha y caduca, crece de forma espontánea en los bosques de Europa, Asia y Norteamérica, donde se puede encontrar en las calles, y en parques urbanos en ciudades del todo el mundo. Las propiedades curativas son conocidas desde la antigüedad, se utilizan sus flores que crecen en forma de racimo y muy aromáticas, Se comercializa preparados para infusión, en píldoras totalmente naturales para facilitar su ingesta y tener más control del tratamiento. **Conviene evitar su consumo o consultar con el médico: durante el embarazo, en caso enfermedad coronaria o problemas digestivos crónicos.**

- Tomate, (Tomato, in english)
"Solanum lycopersicum", fruto de la tomatera y uno de los alimentos más consumidos del mundo desde hace 2.800 años en México. En el siglo XVII se dio a conocer y cultivar en la cuenca del Mediterráneo, primeramente, los de color amarillo y posteriormente los de color rojo. Su bajo contenido calórico y su aporte de vitamina C y Licopeno en un excelente aliado de la cocina saludable. Incluso los productos procesados con calor, incluyendo la salsa de tomate. **No se conocen** contraindicaciones, se **recomienda consultar** con el especialista.

- Tomate de árbol, (Tamarillo or Tree tomato, in english)
"Solanum betaceum", fruta originaria de los Andes y poco conocida, se encuentra en forma silvestre o cultivada en toda América del Sur. Es de tamaño mediano, liso, brillante y de color ladrillo o rojo cuando está maduro, de sabor ácido-dulce. Se consume como fruta fresca, **aunque recomiendo** por el exceso de acidez en muchos casos, mezclar el zumo con agua o leche. Se utiliza como materia prima en la industria para la preparación de jugos, compotas, ... **Continúa...**

...

conservas, dulces, jaleas, gelatina, mermelada y concentrados congelados. **Como refresco** se debe hervir 10 minutos los tomates con cáscara, sin pedículo, dejar enfriar, quitar la cáscara manualmente. Licuar 3 de estos tomates y dependiendo del gusto de cada persona se puede añadir, zanahoria, piña, mora, agua, un pocillo de leche y endulzar al gusto. De forma directa o crudo, partir el fruto con cáscara en casquitos y agregar limón al gusto. **Contraindicado en personas con alergias de piel, hipotensas o padezcan de urticarias.**

- Tomillo, (Thyme, in english)

"Thymus vulgaris", existen cerca de 1.500 especies, es originaria de la cuenca Mediterránea y Asia, arbusto muy aromático de tallos leñosos, llega a medir hasta 40 centímetros de altura, flores pequeñitas de color rosa pálido o blanco agrupadas en racimos muy tupidos hacia adentro, dejando a la vista finas vellosidades en la parte posterior. La planta se reconoce rápidamente porque desprende un fuerte aroma. Por sus propiedades bactericidas se utilizó en la antigüedad para embalsamar las momias. Existen muchas clases de tomillo: el Blanco (salsero), el Mejorano o el de Loscos. Existe un aceite esencial, **antes de usar se recomienda consultar con el médico o especialista.** La forma habitual es la infusión ingerida, en uso tópico, enjuagues, locuciones **sin edulcorar.** También como condimento en guisos (muy poco, es muy potente su sabor). **No se conocen** contraindicaciones, se **recomienda consultar** con el **médico o especialista.**

- Tomillo cabezudo, (Conehead thyme or Spanish oregano, in english)

"Coridothymus capitatus" o "Thymus capitatus", llamado tomillo aceitunero o Tomillo andaluz, arbusto que crece en el sur de la cuenca Mediterránea y hasta el sur de Portugal. Se usa más o menos de la misma manera que el tomillo común pero no igual de bien estudiado. En las Baleares se conoce por el nombre "frígola" nombre catalán para el tomillo, usado en el dialecto de las islas, allí es la especie más común. De esta variedad para los remedios curativos se utiliza las flores en infusión a razón de un manojo por litro de agua. También la miel de este tomillo. **No se conocen** contraindicaciones, se **recomienda consultar** con el médico o especialista.

- Trébol acuático, (Bogbean or Buckbean, in english)

"Menyanthes trifoliata", originario de los humedales del hemisferio norte de Europa, Asia y algunas regiones de África. Hojas parecidas al Trébol común o Trébol blanco. En Europa se usa medicinalmente desde el año 1761, en España se prodiga en zonas del norte de la península como los Pirineos Orientales y Galicia, muy escaso en el resto del país. Se encuentra en polvo, hierba seca y tintura. La forma más habitual es en infusión hirviendo una cucharadita de postre de hojas secas por taza durante 3 minutos. Reposar durante 5-8 minutos, y tomar tres tomar tres veces al día. **En altas dosis es altamente purgante y emético. Contraindicado durante el embarazo, puede dar lugar a graves alteraciones en el feto.**

- Trigo, (Wheat, in english)

"Triticum", su origen es la Mesopotamia antigua, la existencia e hibridación final datan de hace 9.000 años, existen restos en Irak desde el 6.700 a.n.e. Muchas personas consumen demasiadas calorías, pero no las cantidades suficientes de alimentos con un rico contenido nutritivo. El germen de trigo es una de las fuentes altamente concentradas de nutrientes, vitaminas y minerales que pueden ayudar a satisfacer los requerimientos necesarios para las personas. **No se conocen** contraindicaciones **(salvo los celíacos),** se **recomienda consultar** con el médico o especialista.

- Trigo sarraceno, (Buckwheat, in english)

"Fagopyrum esculentum", también llamado Alforfón, originario de Asia oriental (Manchuria - China), con múltiples propiedades nutricionales y una fuente muy rica de Magnesio, indispensable para la correcta asimilación del Calcio. **No contiene gluten,** su consumo afecta al sueño, **no tomar por las noches** es muy energético. **Moderar el consumo las embarazadas y durante la lactancia.**

- Tronadora, (Yellow trumpetbush or Yellow bells, in english)

"Tecoma stans", originaria de México de climas cálidos y principalmente secos, crece alrededor de la orilla de algunos caminos en bosques tropicales. Con hojas y flores amarillas en forma de pequeñas campanas que se agrupan en racimos bellos y vistosos, sus frutos en forma de cápsulas alargadas contienen las semillas. **Cuenta con 56 componentes químicos distintos en hojas y flores.**

Continúa...

...

Consumir mediante infusiones hechas a partir de las hojas, las ramas o los tallos e incluso las flores o las raíces. **No se conocen** contraindicaciones, se **recomienda consultar** con el **médico o especialista**.

- Tupinambur, (Sunroot or Jerusalem artichoke, in english)
"Helianthus tuberosus", también llamado Pataca o Alcachofa de Jerusalén, originaria de América del norte, su tubérculo es la parte comestible de esta planta, difícil de pelar, **sabor parecido a la alcachofa, pero más suave** y parecida al jengibre. Especie invasora, se puede cocinar como cualquier otro tubérculo: al vapor, frito, hervido, añadiéndolo a pucheros y potajes, se puede añadir a sopas, cremas, etc. **Al no contener gluten** se hace harina para Celíacos. La dosis diaria recomendada para un adulto es de 200 gramos, lo que corresponde a una alcachofa de tamaño mediano. **El consumo en exceso puede provocar diarrea, dolor abdominal, gases y distensión intestinal.**

- Tusílago o Fárfara, (Coltsfoot, in english)
"Tussilago farfara", también conocida como Uña de caballo o Fárfara, es originaria de Eurasia, crece bien en tierras y climas moderadamente húmedos, planta de hojas grandes y flores amarillas. Se utiliza las flores y las hojas, es más efectiva combinada con Tomillo sobre todo en infusión para tomar. Verter agua hirviendo sobre las hojas o flores en una taza, reposar 3 minutos, colar y beber. **Contraindicado durante el embarazo y la lactancia. No usar durante más de 2 semanas, puede resultar tóxico para el hígado.**

Descripciones de plantas con letras U - V - Y – Z

- Ulmaria, (Meadowsweet or Mead wort, in english)
"Filipendula ulmaria", originaria de Europa, llamada Reina de los prados, se utiliza desde el medievo cobrando auge en el Renacimiento. Crece junto a ríos, cerca de los estanques y en lugares húmedos. **Nunca tomar en tratamiento con otros anticoagulantes.** Se utiliza la infusión en uso tópico o ingerida, se realiza con una cucharada de la hierba por vaso de agua. **Superar la dosis, ...**

...
puede llegar a ser **tóxico. Contraindicada en casos de úlcera gastroduodenal sangrante, hemorragias activas, menstruaciones excesivas, y en menores de 12 años.**

- Vainilla, (Vanilla, in english)
"Vanilla planifolia", es una de las 110 especies que existen, con más de 30 variedades de zonas tropicales de América principalmente. La descrita es la más usada como saborizante. Orquídea enredadera originaria de México, se consume el fruto en forma de vaina negruzca donde guarda las semillas y de donde sale de una **flor que apenas dura abierta un par de días, de olor inconfundible y exquisito.** Utilizada por los aztecas como remedio curativo, incluso Hernán Cortés la llegó a conocer. A partir del siglo XVII se dio a conocer a través de la cocina francesa. En sinergia con el chocolate aumenta las endorfinas potenciando sus propiedades. La forma habitual para los remedios curativos es la infusión, también mezclada con otros alimentos. Se comercializa en polvo, tintura y aceite esencial. **Contraindicado ingerir el aceite esencial por embarazadas, lactantes, menores de 12 años, pacientes con úlceras gastroduodenales, colitis, enfermos hepáticos y renales.**

- Vasaka, (Vasaka, Malabar nut or Adulsa, in english)
"Justicia adhatoda" o "Adhatoda Vasica", conocida como Adatoda, es un arbusto muy común en todo el subcontinente indio y ampliamente utilizado en las preparaciones ayurvédicas. Para los remedios curativos se utiliza todo, corteza, flores, raíces y hojas. **Los diabéticos la deben la deben de usar con precaución,** puede bajar los niveles drásticamente. **Contraindicada en embarazadas y en menores de 2 años.**

- Vellosilla, (Mouse-ear hawkweed, in english)
"Hieracium pilosella" o "Pilosella officinarum", llamada también Pilosella, originaria de Europa y Asia, crece bien con sol y en climas secos, suelos arenosos, poco fértiles, pastos, rocas, muros, es bastante característica, destaca por su llamativo color amarillo. Puede utilizarse entera y seca en forma de infusiones que se prepara vertiendo 10 gr. en 1 litro de agua hirviendo, dejar a fuego lento 10 minutos más. Filtrar y beber dos tazas al día por la mañana y el mediodía. Existen preparadas de tinturas y cápsulas, ... **Continúa...**

...

poseyendo la ventaja de no ser tóxicos, incluso en caso de utilización prolongada. **No se conocen** contraindicaciones, se **recomienda consultar** con el médico o especialista.

- **Verdolaga,** (Verdolaga or Common purslane, in english)
"Portulaca oleracea", originaria de la cuenca Mediterránea y zonas de Europa con clima cálido. Conocida desde la antigüedad por sus propiedades, pero **la ignorancia** hace que se desprecien cosas de enorme valor al ser considerada como una mala hierba. Sin embargo, **contiene omega 3, y la convierten en una de las verduras más ricas en estos ácidos grasos esenciales.** De hojas en forma de lágrimas, color verde oscuro y tallo entre rojizo y violeta, crece de forma salvaje e incluso en jardines. Se puede consumir en ensaladas u otras presentaciones en crudo. Cocinada salteada o al vapor. Si se opta por su jugo, se recomienda máximo beber 100 gr. de planta fresca o de 1 a 3 cucharadas que se puede mezclar con agua o Miel **(mayores de 1 año).** En las infusiones para ingerir se utiliza la planta fresca o seca, se cuece durante pocos segundos para que el ácido oxálico no pase al agua, siendo la forma habitual de consumo. También el té de sus semillas. Existe en el mercado **en tintura de alcohol no apta para niños o personas en proceso de deshabituación alcohólica. No se conocen** contraindicaciones, se **recomienda consultar** con el **médico o especialista.**

- **Verónica,** (Heath speedwell or Common gypsyweed, in english)
"Veronica officinalis", herbácea trepadora muy común y abundante en los lugares montañosos de Europa y América. Para los remedios curativos se utiliza toda la planta **sin las raíces,** normalmente en infusión para uso interno y tópico. Ingerida se recomienda verter 1 cucharadita de postre con las hierbas en ¼ litro de agua hirviendo. Reposar 10 minutos, colar y tomar de 1 a 3 veces al día tibia. Para uso tópico como enjuagues, gargarismos, cataplasmas, lavados, hervir 40 gr. por litro de agua durante 10 minutos. Colar y utilizar. **No se conocen** contraindicaciones, se **recomienda consultar** con el médico o especialista.

- Verónica acuática, (Ware sepdwell, in english)

"Veronica anagallis aquática", crece en toda Europa, con propiedades como antiescorbútica, diurética, y aperitiva leves, superada por otras como la Becabunga. Su tallo es hueco de hojas dentadas y ovaladas unidas al tallo sin rabillo. Se pueden comer las partes aéreas en ensalada. Antes del uso conviene lavar la planta, como todas las plantas acuáticas, se puede consumir sin peligro de sobredosis. **No se conocen** contraindicaciones, se **recomienda consultar** con el médico o especialista.

- Viborera, (Viper's bugloss or Blueweed, in english)

"Echium vulgare", es originaria de Europa y Asia Menor, fácil de reconocer por el aspecto exterior tan característico que posee, **se asemeja a la borraja y a la Buglosa (hay tener precaución).** Solo tiene tallo en su segundo año de vida, las hojas de la planta son de forma lanceolada y un nervio que las recorre de manera longitudinal, sus flores de color púrpura (a menudo se vuelven color azulado o violeta). Se puede encontrar especialmente en bordes de caminos, orillas de ríos. Para los remedios curativos se aprovechan las hojas y el tallo en infusión, que se puede preparar con un puñado de hojas por cada taza de agua, hervir, colar y beber hasta 4 tazas al día. La misma infusión se puede utilizar en uso tópico para lavados o cataplasma, sin edulcorar. **El uso prolongado puede ser tóxico para el hígado.** También puede ser consumida en estado fresco como cualquier otro vegetal. **Contraindicado en embarazadas, lactantes y en menores de 6 años.**

- Vid / Uva, (Grapevine / Grape, in english)

"Vitis vinífera", comercialmente la llaman Vid roja, se cree que el **origen de la uva** cultivada en Europa está en la **región del mar Caspio.** Para los remedios curativos **se utilizan las hojas, frutos y el aceite extraído de las semillas.** En uso externo resulta muy adecuada lo que se conoce como "agua o savia de sarmiento o de vid roja", savia de la planta que se obtiene en primavera, generalmente en el mes de marzo, antes de que salgan las hojas. Se corta una rama tierna y se deja que destile un líquido a través del corte, recoger en un vaso bien limpio. **No utilizar formas de dosificación con contenido alcohólico en menores de 6 años, personas con problemas etílicos. No se conocen** contraindicaciones, se **recomienda consultar** con el médico o especialista.

- Violeta, (Wood violet or Sweet violet, in english)

"Viola odorata", originaria de Asia y Europa, de flores muy bellas color violeta o blanco (menos habitual), de aroma exquisito y muy delicado. Para los remedios se utilizan las flores y los rizomas en infusión, existen preparados específicos, aceite esencial y jarabes. **En grandes dosis provoca:** vómitos, problemas nerviosos y circulatorios muy graves. **Consultar con el médico o especialista las embarazadas, menores de 12 años y personas con problemas de salud crónicos.**

- Vulneraria, (Kidney vetch, in english)

"Anthyllis vulneraria", hierba de Europa y el norte de África, crece en suelos secos con pocos nutrientes. De flor amarilla, (en zonas costeras), pero existen en diversos colores desde anaranjado a rosáceas, Para los remedios curativos se utilizan las hojas y las flores en uso interno y tópico, se encuentra también en tintura y extractos. **Utilizar bajo prescripción y forma de dosificación por especialista. Contraindicado en embarazadas, lactantes, menores de 12 años, personas con enfermedades renales, o con algún tratamiento sea cual sea su patología.**

- Yerba santa o Acuyo,
(Mexican pepperleaf or Vera Cruz pepper, in english)

"Piper auritum", arbusto originario de Mesoamérica, la hoja tiene forma de corazón (llamada Hoja santa), es aromáticas de sabor dulce y algo picante. Se emplea en infusión, cataplasmas y en tintura. También se suele agregar en pequeños trozos a ciertos tamales. **Consultar con el médico o especialista antes de ser usadas por embarazadas, lactantes, menores de 6 años, y pacientes con enfermedad renal o hepática grave.**

- Zaragatona, (Psyllium, in english)

"Plantago psyllium", originaria del occidente Mediterráneo (España y Marruecos), maleza invasiva en todo el mundo. Se puede confundir con otras formas de Psyllium incluyendo la Ispágula. Crece en lugares arenosos de casi toda la Península e Islas baleares. Produce una pequeña semilla **(la utilizada para los remedios)** mucho más rica en mucílagos que el Lino. Comer 2 o 3 cucharadas pequeñas, mejor sin masticar o triturar, es importante acompañar la toma con ...

...
abundante líquido. También se puede añadir al agua o tomar con zumo, yogur e incluso adornar ensaladas. **Mucho cuidado las personas con tendencia a atragantarse. Si se toma las semillas, esperar cuatro horas hasta tomar un medicamento. Precaución los alérgicos, personas con obstrucción intestinal y a divertículos ya diagnosticados.**

- Zarzaparrilla, (Rough bindweed or Common smilax, in english)
"Smilax aspera", originaria de Europa, Asia, África, tiene la estructura como de vid, con tallos espinosos que pueden llegar a una altura de 50 metros. Raíces de color café y pequeñas flores blancas, amarillas, verdes y café. Las raíces son las que tienen todas las propiedades medicinales, la planta es famosa por su aroma, al ser muy placentero. También son utilizadas en comidas y bebidas. ***En casos de sobredosis o en tratamiento de larga duración durante en su ingesta puede producir:*** irritación en la membrana gástrica, náuseas o vómitos, alteración o desequilibrio en la presión arterial. **Contraindicado en embarazadas, lactantes, menores de 12 años, y personas que padezcan de gastritis, úlcera gastrointestinal, o colon irritable.**

Bibliografía

- **Atlas de las Plantas de la Medicina Tradicional Mexicana**
- **Dioscórides, Plantas y Remedios Medicinales (De Materia Médica), Libros I - III, Editorial Gredos, Traducción y notas por: Manuela García Valdés**
- **El Gran Libro de las Plantas Medicinales, M. Palow**
- **Enciclopedia Everest de plantas medicinales**
- **La Botica del Señor, María Treben**
- **Revista Agro-técnica de Cuba, se mencionan cada planta independientemente, a través de EcuRed**
- **8256 Remedios Naturales, José Enrique Centén Martin**

Índice

- Formas de uso de las plantas desde IV a IX

- Descripciones de las plantas